本书得到国家自然科学基金青年科学基金项目“在华外资研发与省域自主创新的耦合机制研究”（71303151）的资助。

祝　影◎著

外资研发与自主创新的耦合协调发展研究

Research on
Coupling Coordination Development between Foreign R&D and Independent Innovation

图书在版编目（CIP）数据

外资研发与自主创新的耦合协调发展研究/祝影著.—北京：经济管理出版社，2018.2
ISBN 978-7-5096-5640-2

Ⅰ.①外… Ⅱ.①祝… Ⅲ.①外资公司—技术开发—研究—中国
Ⅳ.①F279.246

中国版本图书馆 CIP 数据核字（2018）第 015829 号

组稿编辑：张　艳
责任编辑：赵喜勤　张莉琼
责任印制：黄章平
责任校对：王纪慧

出版发行：经济管理出版社
（北京市海淀区北蜂窝 8 号中雅大厦 A 座 11 层　100038）
网　　址：www.E-mp.com.cn
电　　话：（010）51915602
印　　刷：北京晨旭印刷厂
经　　销：新华书店
开　　本：720mm×1000mm/16
印　　张：11.5
字　　数：176 千字
版　　次：2018 年 9 月第 1 版　　2018 年 9 月第 1 次印刷
书　　号：ISBN 978-7-5096-5640-2
定　　价：39.00 元

前　言

外资研发活动并不是一个经典的研究命题，而是随着20世纪90年代开始的研发全球化浪潮而出现的研究领域。学术研究的历程与研发全球化的现实一样呈现出初起、高潮、平稳的变化曲线，一般而言，我们可以将20世纪90年代中期至20世纪末界定为研发全球化的萌芽期，将2008年全球金融危机作为分界点，大致确定21世纪初至2008年的研发全球化增长期以及2008年至今漫长的研发全球化调整期。在学术界，研发全球化从获得关注到成为热点再逐渐淡化，同样经历了由爆发至沉淀的过程。在国外，*Research Policy* 曾连续刊发相关主题的文章；在国内，以杜德斌教授为代表的研究者也系统地进行了研发全球化的研究。在众多的研究成果中，发达经济体的研究者多是关注跨国公司研发全球化的目的、动机、组织结构等，而发展中经济体的研究者则更为关心跨国公司研发全球化的区位因素及其溢出效应。然而，任何事物都具有两面性，发达经济体单单考虑研发全球化的"出"和发展中经济体单单考虑研发全球化的"入"，都不能准确定位外资研发活动的作用与影响。时至今日，逆全球化思潮已然出现，不能不说，更加全面多维地考量外资研发与本地发展之间的互动关系显得尤为必要。

我从2002年开始跟随杜德斌教授介入研发全球化研究，一直聚焦于这个领域，时移世易，未曾改变。2007年因为参与杜老师主持的国家软科学研究计划项目"外资研发机构对国家创新体系的影响及对策研究"，外资研发全球化的研究视野逐渐转向外资研发的差异化方面。基于2007年的全国范围外资研发活动调研，我注意到外资研发机构本身存在的差异化特征，不管是注册资金、人员规模，还是行业地位、技术水平，诸多方面表现出显著差异，而外资研发机构的差异化必然会带来其区域效应的差异化，围绕这一命题，我先后主持了上海市教育委员会科研创新项目“外资研发机构的评价因子和分类管理：基于上海的实证研究”（2009 年 1 月至 2011 年 12 月）和教育部人文社会科学研究青年项目“在华外资研发机构的分类管理与政府规制研究”（2011 年 1 月至 2013 年 12 月），构建了对外资研发机构本地绩效的评价指标体系，并对实证样本进行了相对性评价与分类，在理论研究和实证分析的前提下提出了一种对差异巨大的在华外资研发机构加以有效评价的方法。在研究外资研发机构差异化之后，我又立足于中国的区域差异，认为不同区域的发展水平、科技基础、经济实力等方面的差异，也会影响到外资研发活动的投资决策和溢出效应，并由此获得了国家自然科学基金青年科学基金项目“在华外资研发与省域自主创新的耦合机制研究”（2014 年 1 月至 2016 年 12 月）立项，旨在从省域层面来廓清外资研发和自主创新的耦合协调关系，并在此基础上调整区域政策导向，该项目的研究成果也恰是本书的由来。

本书的核心观点是，外资研发与自主创新之间存在耦合协调的双向关系，外资研发活动并非越多越好，而要与自主创新水平相互适应，因此，有必要测度外资研发与自主创新的耦合协调程度并探讨其作用机制。为了求证外资研发系统和自主创新系统的耦合协调关系，构建外资研发与自主创新系统的耦合机理和评价指标体系，并采用耦合协调度模型分别对除西藏、港澳台以外的中国 30 个省域和 28 个工业行业加以实证，结果证明，不同省域和不同产业均表现出外资研发与自主创新的耦合协调水平差异，说明外资研发系统与自主创新系统彼此之间存在明显的耦合互动关系，两个系统的耦合协调水平在特定的区域空间或产业空间内呈现出区域/产业差异，但在时间序列上大体趋向于协调发展。为了探索外资研发系统与自主创新系统的作用机制，提出外资企业研发投入直接影响内资企业研发投入而间接影响内资企业研发产出的逻辑假设，并建构创新投入、创新产出两阶段模型及其联合分析的理论框架，从资本和劳动两种创新要素的维度，考察外资企业研发投入对内资企业自主创新的影响机制，研究发现，外资企业研发两种创新要素的介入对内资企业创新产出具有不同的影响，外资企业研发经费介入对内资企业创新产出呈现抑制作用，而外资企业研发劳动介入对内资企业创新产出呈现促进作用，凸显出人力资源的重要地位。在此基础上，因地制宜、精准施策是必然的政策启示，要根据区域或产业外资研发与自主创新耦合协调发展的实际情况，优化政策导向，其中，尤其要重视人才的引进与流动政策的制定。

一个研究项目的顺利完成，其研究目的和研究计划的实现，离不开师长、团队、学生的支持、投入与付出。感谢国际欧亚科学院院士、河南财经政法大学教授李小建老师的中肯建议，感谢华东师范大学地球科学学部副主任、城市与区域科学学院院长杜德斌教授的大力帮助，感谢项目组主要成员叶明确、盛垒、何丰、石灵云几位老师的鼎力合作，也感谢我的研究生——2010~2016 级的学生们为课题的结项、书稿的编撰做出的贡献，其中，翟峰、曹盛、史晓佩、孙锐参与了课题的核心研究工作，路光耀、王飞、涂琪、祁宇等参与了课题的相关研究工作，唐春光（第三章的概念与理论基础、研究方法与模型部分，第六章的省域层面外资研发影响自主创新的实证部分，第七章的外资研发政策与自主创新政策的现状分析、外资研发与自主创新耦合协调发展的政策框架部分）、郑磊（第五章，第六章的研究设计与模型构建、产业层面外资研发与自主创新交互影响的实证、外资研发与自主创新的耦合机制讨论部分）、王露露（第一章，第二章，第三章的耦合分析方法及其适用性部分）等参与了书稿的撰写工作。虽然成果经数年积累，但成书匆匆，未免疏漏，串章联节，力有不及，权作引玉之砖，以期更多硕果！

目　录

第一章　引言

一、研究背景及意义

20 世纪 90 年代中期以来，中国成为跨国公司海外研发活动的热点国家，随着跨国公司全球研发战略的演进和调整，在中国设立的外资研发机构数量迅猛增长。据历年《中国科技统计年鉴》的统计数据，2000 年底中国外资研发机构数为 964 家（其中外商投资 487 家，港澳台地区 447 家），2011 年底已达到了 5562 家（其中外商投资 2963 家，港澳台地区 2599 家），2015 年底中国外资研发机构数量达到 9817 家（其中外商投资 5426 家，港澳台地区 4391 家），15 年间增长了近 10 倍；同时，就外资企业的 R&D 经费投入而言，2000 年为 100. 2 亿元，2011 年为 1496. 5 亿元（其中外商投资企业 936. 1 亿元，港澳台地区企业 560. 4 亿元），到 2015 年底外资企业的 R&D 经费投入高达 2150. 8 亿元（其中外商投资企业 1298. 5 亿元，港澳台地区企业 852. 3 亿元）占全国企业 R&D 经费总投入的比例达 23. 2%。外资在中国研发活动的目的也从最初的支撑当地生产拓展当地市场，利用当地资源，逐渐过渡到布局全球研发网络的战略高度，目前大多数外资研发中心已经转变自己在中国投资的战略，出现服务当地市场需求和为全球战略服务并重的趋向，在中国的全球研发中心和区域性研发中心越来越多。

与此同时，外资企业 R&D 经费投入占我国企业 R&D 投入的比重也在迅速上升，外资企业 R&D 经费投入迅速增加，甚至一些年份增长速度远高于内资企业。虽然近年来我国对自主创新越来越重视，内资企业 R&D 经费投入有了大幅增长，但外资企业的 R&D 经费投入占全国企业 R&D 经费投入的比例仍然较高，部分地区外资企业 R&D 经费投入的比例甚至过半，如 2008 年上海、福建分别达 56.3%、77.5%，远远高于同年 30%的全国水平。因此，在一定意义上，外资研发机构已经成为我国国家创新体系的有机组成部分，甚至在一些地方已经成为企业技术创新的主要力量。

以跨国公司作为主导的外资研发活动，主要依托跨国公司已有的在中国产业基础，而其对中国的经济和科技的影响也直接作用于产业发展之上。从产业的视角来看，在中国外资研发活动主要集中在工业，特别是制造业。2009~2011 年制造业外资研发经费在工业外资研发经费总额中所占的比重分别为 98.7%、99.5%和 99.5%，其中，通信设备、计算机及其他电子设备制造业占据绝对的产业优势，这些行业 1998 年以来外资 R&D 经费支出总额占全部行业 R&D 经费总额的比重一直在 50%以上，2005 年一度高达 71%，2006 年后集中态势逐年减弱，但也保持在 40%左右。因此，在产业活动中，研发创新的行为主体不只是内资企业，还包括外资企业，外资研发活动和自主创新活动共同构成一个具体产业的研发系统。

值此中国经济面临转型之痛的关键时期，实现由“中国制造”向“中国智造”的华丽转身是一个至关重要的研究命题。在创新型国家建设、自主创新战略基础上，应牢牢把握中共十九大报告中提出的“创新是引领发展的第一动力，是建设现代化经济体系的战略支撑”的指导思想，把科技创新摆在国家发展全局的核心位置，激励全社会积极实施创新驱动发展战略，擦亮中国创造、中国智造的闪亮名片。特别是在外资研发与自主创新成为我国科技发展和技术进步两条主旋律的背景下，创新驱动发展战略的实施，必须考虑的关键问题是如何协调在中国外资研发和本土自主创新的关系，这也是与我国科技安全和经济安全密切相关的重大议题。我们既不能让自主创新变味为外资创新，也不能将外资拒之门外而闭门创新。然而，外资研发活动有着极大的特殊性，跨国公司的逐利性使它独立于国家科技发展与产业发展的目标之外，虽与自主创新系统密切相关，却又不能完全融合，只有外资研发与自主创新保持在耦合协调的状态，才能实现互利合作，而在中国这样的大国，对在中国外资研发与本地自主创新之间耦合关系的探讨必须考虑到省域差异和产业差异，外资研发活动在中国各个省域、各个产业之间分布得并不平均，那么，对外资研发和自主创新的关系研究不能一概而论，而应该具体到省域和产业层面分析，这样才能真正对政策的制定有所裨益。

目前对外资研发与自主创新关系的研究多侧重于外资研发的溢出效应，并未将之放入不同的空间背景和产业背景中考察彼此互动的耦合关系，多聚焦于外资研发影响自主创新这一单向维度上，且尚无定论，虽形成了“促进论”、“抑制论”、“双刃剑论”三种观点，但具体到省域差异和产业差异，尚缺乏系统全面的研究结论。事实上，外资研发与自主创新的关系并不能仅以“溢出”来囊括，仅进行相关性分析还远远不够，必须考察外资研发与自主创新这两个彼此独立却交互作用的系统的耦合情况，这就需要综合考量一个耦合协调程度的问题。如果外资研发与自主创新耦合协调度高，对我国自主创新战略和创新驱动发展战略的实现更加有利。另外，外资在中国研发活动的空间分布疏密有别，产业分布也各不相同，加之各省域和各产业本身的发展水平和内在特征差异明显，所以，一而概之地从国家层面研究外资研发与自主创新的关系并不能解决中国的实际问题。因此，本书引入耦合机制与时空协调性模型，将外资研发与自主创新的关系研究从“溢出”推向“耦合”，把外资研发与自主创新关系的空间性质和时间过程综合在一个统一的研究框架中，将溢出效应研究上升到更细化的耦合机制研究，将静态单向的点状研究整合到动态多维的系统研究，将现象研究深入到深层次的规律研究，对于全方位建构外资研发与自主创新的理论框架有一定贡献；同时，对各省域和各产业外资研发与自主创新耦合协调关系的实证测度，有利于不同省域、不同产业根据省域、产业外资研发与自主创新耦合协调结果来合理选择并及时调整外资研发政策和自主创新政策更具有现实指导意义。

二、概念与理论基础

（一）基本概念界定

研发是对研究与开发（Research and Development，R&D）的简称。本书中，研发与创新含义基本一致，如无特别说明，研发投入即创新投入，研发产出即为创新产出。经济合作与发展组织（OECD）对研发的定义是：为了提高知识（人类知识、文化知识和社会知识）存量，并运用知识存量设计新用途，在系统基础上开展的创造性活动，主要包括基础研究、应用研究和试验开发三种类型。而狭义的研究开发可以理解为科技研发与技术研发两大部分：科技研发的目的是技术、知识的创新，技术研发的目的主要是现有技术的改进，知识的创新运用等。其中不以商业利润为目的的科技研发活动为基础研究；以商业利润为目的的科技研发以及科学技术的应用性研究和开发为应用研究。一般来说，一个国家的研发主体包括政府相关部门、高等院校及企业。不同主体的研发活动侧重点不同，政府研发活动一般侧重于基础研究、前沿技术研究和社会公益性研究；高校研发活动与政府研发同步，研发经费绝大部分由政府提供；企业研发出于企业发展的需要，市场竞争的需求一般侧重于应用研究，外资企业的研发活动即是以逐利为目的，为利用东道国（区域/城市）资源、抢占东道国市场、谋划企业长远发展战略而出现在非母国的企业海外研发活动。

外资研发活动的主体，往往被称为外资研发机构。外资研发机构在本书中特指在中国境内活动的外资研发机构，是在中华人民共和国境内，外国投资者（包括外国企业和其他经济组织或者个人），采取独资或与其他中国投资者（包括中国企业或其他经济组织）以合资或合作的形式从事自然科学及其相关科技领域的研究开发和实验发展（包括为研发活动服务的中间试验）的机构。从以上定义可知，外资研发机构必须具备两大要素：一是外资要素，投资主体是国外、境外（含港澳台地区）的企业，其他经济组织或个人，出资方式可以是独资，也可采取合作或合资的方式；二是研发要素，外资所设立的机构必须是在一个系统的基础上从事基础研究、应用研究和试验开发等活动。作为衡量外资研发活动的指标，我们引用了外资研发介入这一概念。外资研发介入不同于外资研发投入，外资研发投入在学术研究过程中往往指外资企业在华研发投入的具体数额，而外资研发介入更加强调外资占比。虽然在研究外资投资溢出效应的文献中，外资研发介入使用率还不是很高，但较为准确地反映了外资研发活动在省域或者行业的活跃程度，本书将外资研发介入界定为：外资企业在华研发投入占全行业研发投入（既包含内资也包含外资）总额的比例。

自主创新是指通过拥有自主知识产权的独特的核心技术以及在此基础上实现新产品的价值的过程。自主创新的概念有宏观和微观之分，包括国家自主创新和企业自主创新。本书所指的自主创新特指微观层面的企业自主创新，即企业通过自身的努力和探索产生技术突破，攻克技术难关，并在此基础上依靠自身的能力推动创新的后续环节，完成技术的商品化，获得商业利润，达到预期目标的创新活动。企业自主创新具有技术突破的内生性、技术与市场方面的率先性、知识和能力支持的内在性等特征。其本质特点是，自主创新所需的核心技术来源于企业内部的技术突破，是企业依靠自身力量，通过独立的研究开发活动而获得。

创新体系包括创新主体、创新基础设施、创新资源、创新环境、外界互动等要素，国家创新体系是由与知识创新和技术创新相关的机构和组织构成的网络系统，其主要组成部分是企业、科研机构和高等院校等；广义的国家创新体系还包括政府部门、其他教育培训机构、中介机构和起支撑作用的基础设施等。国家创新体系是一个网络系统，是知识创新系统、技术创新系统、知识传播系统和知识应用系统之间相互作用的整体。其中，在讨论技术创新系统的概念时，本书强调的核心部门为企业，主要承担技术创新和知识应用的任务，通过技术创新和知识应用，改进产品，占领市场。由此，技术创新系统是由与技术创新全过程相关的机构和组织构成的网络系统，可以通过自主创新、外资研发等方式将其知识、技术得以广泛应用与传播的一种创新行为。

溢出是指跨国公司在东道国进行经济活动时产生的经济外部性。即由于跨国公司生产技术和管理技能的非自愿扩散，促进东道国企业生产效率提升的效应。一般来说，跨国公司的活动会产生两个直接结果：溢出和抑制。1960 年，麦克杜格尔（MacDougall，1960）分析跨国投资一般福利效应时指出，外国投资与某些潜在的溢出有关。在麦克杜格尔之后，凯夫斯（Caves，1971）在考察跨国投资对东道国最优关税政策时也考察了溢出效应。随后，凯夫斯（Caves，1960）详细地研究了跨国投资溢出的可能路径，并进行了分类。一方面，根据凯夫斯的分析，外资活动会通过示范与竞争、人力资源流动、行业前后向联系源源不断地产生竞争；另一方面，内外资企业之间的技术差距、外资企业产品竞争力优势会抑制东道国企业的创新能力及积极性。因此，跨国公司对东道国的影响取决于这两种相反影响之间的强弱对比。

研发溢出是指企业进行研发活动时产生的外部性，往往表现为由于人员流动、产业链联系带来的技术直接流动以及新产品流动、管理示范效应等带来的市场模仿等。外部性有正负之分，正的研发溢出会引起关联企业的技术升级与进步，而负的研发溢出则会挤占资源和市场，威胁到其他企业的持续发展。而外资研发溢出则特别强调外资企业研发活动促进或抑制了内资企业的技术创新。

（二）相关理论基础

1. 耦合理论

耦合的概念来源于物理学，指的是两个（或两个以上）的系统或运动形式通过各种相互作用而彼此影响的现象，是在各子系统间的良性互动下，相互依存、相互协调、相互促进的动态关联关系。系统由无序走向有序机理的关键在于系统内部序参量之间的协同作用，它左右着系统相变的特征与规律，耦合度就是用来衡量系统或要素相互作用影响程度的大小，是反映这种协同作用的度量。

协调度度量系统或系统内部要素之间在发展过程中彼此和谐一致的程度，体现了系统由无序走向有序的趋势，是反映协调状况优与劣、好与坏程度的定量指标。耦合协调度衡量的是系统或要素在发展过程中彼此之间良性耦合程度的大小，相比于耦合度的不分利与弊，耦合协调度则能够描述出协调状况的好坏程度，反映系统或要素之间在相互作用影响过程中是否达到了和谐一致。

在研究初期，耦合理论较多地被应用于物理、化学、电子类的学科，随着研究的不断深入，学者开始将耦合理论引入城市发展、产业集群、经济增长等多个社会学科领域，用来分析具有相关性的系统之间的复杂关系，以更好地反映出不同经济社会系统间通过相互作用彼此影响从而联合起来产生增力的现象及作用机理。刘耀彬、李仁东、宋学锋（2005）在阐述了城市化与生态环境耦合含义的基础上，构建两者之间的耦合度模型，实证分析了中国城市化与生态环境耦合度的时空分布情况。张燕、吴玉鸣（2006）应用耦合机制和时空协调性模型，对1996年、2000年和2004年中国区域工业化与城市化耦合协调发展的时空规律进行了实证分析。李红锦、李胜会（2013）在研究文化产业和旅游产业之间的关系时，通过树立两者的指标体系，建立耦合判断模型等，对两者的耦合协同发展采用耦合研究。刘浩、张毅、郑文升（2011）基于城市土地集约利用与城市化的交互耦合作用机制，通过构建耦合协调发展度模型，定量评价两者之间的耦合协调发展状况。高楠、马耀峰等（2012）借鉴耦合理论，分析了入境旅游系统与进口贸易系统之间的协调发展作用机理，并构建了耦合评价模型和指标体系，实证分析了中国各省域两者的时空耦合关系。考虑到耦合理论在社会科学领域已具有较为广泛的运用基础，且能够较好地反映出不同经济社会系统间通过相互作用彼此影响从而联合起来产生增力的现象及其作用机理，本书以耦合协调模型来测度自主创新与外资研发的耦合关系。

2. 地理邻近性

地理邻近性是研究研发溢出的重要理论之一。凯夫斯的研究指出了溢出的三种渠道，但他的研究并没有涉及企业间地理空间的相互关系也会对溢出产生影响。地理邻近性正是研究这种空间分布集群情形下企业之间的技术溢出效应。外资研发机构集中在我国东南沿海地区，特别是“长三角”、“珠三角”、“环渤海”地区的事实表明，这种聚集使得企业能互相受益。

20世纪90年代，随着经济全球化的进一步推进，越来越多的经济学家开始研究知识经济的溢出与创新发展。与此同时，新经济地理学、创新经济学的学者们开始从“新产业空间”视角对产业集群的影响因子地理邻近性进行了深入研究和探讨，并在学术界达成了一个共识：地理邻近对区域企业集群创新产生了重要的影响。最初的研究从单一的地理邻近开始，简单探讨双边地理邻近的机理与性质。随着研究的深入，学者们开始尝试从多维邻近的视角探讨空间变量对产业集群创新的影响，试图构造新经济空间研究的一般范式。21 世纪以后，地理邻近研究领域进一步拓展，学者开始对包括组织邻近、技术邻近在内的多维邻近对产业合作与交互学习的影响进行研究，但是目前的研究还停留在初级阶段。

依据韩宝龙、李琳（2009）在《组织合作中的多维邻近性：西方文献评述与思考》中的概念界定："地理邻近是指反映主体间空间距离的远近性，这种距离不单纯从空间距离衡量，还需要考虑运输或传播时间与成本的因素。"一般认为，地理邻近性有利于加强企业之间直接的联系和交流，提升企业的学习机会，促进企业创新效率。事实上，大量相似的或者具有上下游联系的企业聚集会形成一种隐性的区域内部化，这种内部化使得企业能够最大化地获得区域创新知识溢出；企业之间的人力和资本之间的相互竞争可以刺激企业进行创新活动；相关产业企业的地理邻近能大大降低运输成本，提高生产效率，从而促进创新。然而也有学者认为邻近性会给企业带来不利影响，这种不利效应主要源于：过度的邻近会降低企业和外部网络进行沟通联系的动力，会带来思想和知识的冗余；同时，外部的知识不能向区域内部流通，造成隐形的知识壁垒；并且区域内部化不利于企业的知识产权保护，知识的溢出会损害创新企业的利益，降低企业的创新动力。地理邻近对集群创新的影响机制如图 1-1 所示。

图 1-1 地理邻近对集群创新的影响机制

3. 技术扩散

学术界对技术扩散的研究最早始于社会学领域。目前，技术扩散概念比较有影响力的是罗杰（Roger）等，他将技术扩散看作一项创新技术随着时间通过各种渠道被社会成员所接受的过程。罗杰认为技术扩散由四个关键因素组成：创新技术、时间、传播渠道与社会系统。

技术扩散理论的发展大致可以分为三个阶段：第一阶段是以弗农（Vernon R.，1996）、克鲁格曼（Krugman P.，1979）和多拉尔（Dollar D.，1986）为主要代表人物的早期技术扩散理论。他们主要研究在南北贸易中国际技术转移产生的过程和结果，这些理论奠定了国际技术扩散理论发展的基础。然而，早期技术扩散理论忽略了技术创新、技术转移以及发展中国家吸收新技术的动态过程。第二阶段以詹森和塞斯比（Jensen R. and Thursby M.，1986）、弗拉姆和赫尔普曼（Flam H. and Helpman E.）、西格斯特朗（Segerstrom P. S.，1991）等为代表，他们将技术创新、扩散和转移过程内生化，对技术扩散产生的机制进行了研究。尽管他们的研究比起早期理论有了较大的改进，但这些研究采用的是局部均衡的分析方法，没有对技术扩散进行一般均衡的分析。针对这一缺陷，近年来的第三阶段技术扩散理论将重点放在开放经济条件下的一般均衡分析上，弥补了之前理论的不足，将国际技术扩散的研究向前推进了一大步。当前，传播较广且具有代表性的技术扩散理论包括技术扩散的模仿理论、技术扩散的技术僵局理论、技术扩散的空间理论以及技术扩散的时间理论。

（1）技术扩散的模仿理论。

以曼斯菲尔德（Mansfield E. and RomeoA.，1980）为代表的技术扩散模仿理论认为，技术扩散的过程是一个模仿的过程，某一企业是否采用创新技术，在很大程度上要受到其他企业是否采用的影响。如果采用的企业越来越多，其他企业受到影响也会不断加入采用的行列，从而使这项新技术在这一过程中扩散开来。曼斯菲尔德的“模仿说”主要研究两种类型：一种是模仿，即某企业首先采用一种新技术后，其他企业以其为榜样，也相继采用这种新技术；另一种是守成，即某企业采用一种新技术后，其他企业并不模仿它，依然使用原来的技术。模仿率即形容市场上使用新技术的企业占总企业的比重。曼斯菲尔德试图通过对模仿率的研究来说明技术是如何在行业间进行推广的，技术的扩散时间和程度与模仿率之间的映射关系具体表现如何。

(2) 技术扩散的技术僵局理论。

美籍德国经济学家门茨(Mensch G.)在其代表作《技术的僵局》一书中,继承和发展了熊彼特的长波技术论,利用统计资料证实了技术长波论,把创新分为基础创新、改进型创新和虚假创新三种类型,由此提出了技术僵局论。指出只有通过产业不断从事基础性创新才能使经济较快走出危机,在这个时期,技术外溢以及随之而来的新产品、新技术的出现将推动经济发展进入上升阶段,当技术被更多生产企业所采用时,工业投资达到高峰,接下来的改良革新或者虚假创新,将导致经济增长趋于平缓,经济结构重新陷入削弱时期。缺乏创新或者说技术的僵局,是导致经济萧条的主要原因。所以,门茨把经济危机所带来的只有通过技术创新才能寻求出路的状况叫作"技术僵局"。当经济陷入危机时,只有通过不断地创新技术和扩散技术才能走出危机。

(3) 技术扩散的空间理论。

最早研究扩散现象并奠定了空间扩散理论基础的是瑞典隆德大学的哈格斯特朗(Hagerstrand T.,1952)。他认为,扩散的网络分为地区性和地区内两个主要层次。潜在采用者是否采用创新取决于扩散信息的积累效果和潜在采用者对创新的阻力水平(采用阻力)的比较关系,如果扩散信息的积累效果大于潜在采用者对创新的阻力水平,扩散就会发生,否则不发生。哈格斯特朗利用随机抽样法模拟技术扩散的概率分布,进而提出了著名的"平均信息域"模型,开启了空间扩散研究的先河。哈格斯特朗(Hagerstrand T.,1967)认为,技术扩散的空间模式是由信息流动和采用阻力的空间特征决定的。

技术扩散的空间理论认为,某个地区新技术的产生会使得该地区具有某种优势:生产效率提高而使得单位成本下降;新产品的出现垄断市场;劳动和资本的节约更有竞争力等。因此,率先使用新技术的地区和其他地区之间就存在一定的"势位差",正是这种"势位差"驱使周边的地区进行学习和模仿,使用新技术。这样,技术扩散就自然而然地发生了。

(4) 技术扩散的时间理论。

技术扩散的时间理论以曼斯菲尔德 (Mansfield E.) 的“S”形曲线为代表。曼斯菲尔德创造性地将“传染原理”和“逻辑斯缔”成长曲线运用于技术扩散研究中，于1961年提出了著名的“S”形扩散曲线，并由此开创了对扩散问题的定量分析。“S”形扩散曲线认为，技术的扩散类似于流行病的传播。在技术扩散的初期阶段，由于技术本身信息量少，企业对其了解微乎其微，引进该项技术要冒很大的风险，因而采用者很少，进展速度也很慢。随着技术扩散，技术信息量不断增加，采用该项技术的风险也相应减少，引进该项技术的企业大量增加，技术扩散速度不断加快，扩散曲线迅速上升并保持这一趋势，即所谓的“起飞期”；在接近饱和点时，随着采用该项技术的企业比例增加，没有采用该项技术的企业数目减少，进展又会减缓，最后仅剩下一些较为落后的企业，技术扩散的速度就会逐渐放缓直至停止。整个过程类似于一条“S”形的曲线。

罗杰斯 (Rogers E. M., 2003) 对技术扩散进行了更加深入的研究，是技术创新扩散传播论的代表人物，他将技术传播分为五个阶段：了解阶段、兴趣阶段、评估阶段、试验阶段和采纳阶段。罗杰斯 (Rogers E. M., 2003) 指出，技术的扩散存在一个扩散临界值（只有在接受人群到达一定比例时才会开始快速扩散）和扩散最大值。罗杰斯的技术扩散理论说明，试图快速且广泛地采用全新的创新技术是不现实的，实现技术创新的前提是拥有突破临界值的创新者和早期采用者。他认为大众传播能够有效地提供相关的知识和信息，人际传播更能够直接有效地说服人们接受和使用创新技术成果。

技术扩散理论从技术扩散的时间、形态、企业行为等方面进行了深入的研究，是地理邻近性理论后对溢出研究最为全面的理论。我国正处在经济发展的转折期，未来我国将不可避免地减缓经济发展的速度，改变原来投资拉动的经济发展策略。新时期下企业生产的环境特征具有极大的不确定性，首先，我国可能进一步放开外资管制，更多的外资企业将进入市场；其次，东、中、西部发展的严重不平衡局面有可能会发生改变，尽管不会改变三者之间的强弱关系，但是明显的，东部将不再是唯一的企业聚集点，越来越多的外资企业将会向中西部地区涌进；最后，中国市场消费水平的进一步提高将改变外资企业在中国的研发策略，研究与开发将进一步本地化。对技术扩散理论的研究有助于更好地把握和理解外资研发介入对我国自主创新能力的影响。

4. **外部性**

外部性又称为溢出效应、外部影响、外差效应或外部效应、外部经济，指一个人或一群人的行动和决策使另一个人或一群人受损或受益的情况。技术创新溢出也称技术创新的外部性，是指技术创新主体在非自愿的情况下，其技术创新活动对他人或社会所产生的福利溢出，而且也没有从溢出效应中得到任何收益回报。技术创新溢出的存在使技术创新资源不能得到最有效的配置，其大小将直接影响到人们进行技术创新的积极性。技术创新溢出广泛存在并对经济发展产生不同的影响。

20 世纪 60 年代，麦克杜格尔（MacDougall，1960）在分析 FDI 的一半福利效应时，第一次将技术创新的溢出效应视为 FDI 的一个重要现象。技术溢出效应存在较大差异，主要包括正负两类。由于技术创新溢出的存在，获得溢出效应的企业可以减少创新成本，提高技术水平，从而加快了技术创新的扩散，使竞争企业为市场提供更多优质廉价的创新产品，增加了整个社会的财富，即为正效应。技术创新的溢出效应使得创新企业不能得到全部的创新收益，边际收益下降，当企业的收益小于创新的成本时，企业从事创新的动机下降，而对于无偿获得溢出效应的企业来说，等待其他企业创新的动机加强，从而在根本上会抑制企业创新的积极性，降低整个社会的福利，即为负效应。

技术创新收益具有非独占性，即存在技术创新溢出问题。从技术创新的溢出效应来看，企业技术创新的产出，是一个介于纯公共产品和纯私人产品之间、带有一定公共性质的产品。技术创新活动的开展需要大量投资，但技术创新成果的信息却具有公共产品的性质。技术创新成果的非独占性是知识溢出的结果。从全社会来讲，这种知识溢出越多越好，越快越好；而从企业出发，则希望技术创新引致的知识溢出越少越好，越慢越好。为了使企业既有技术创新动力，又有好的社会效果，必须在两者之间保持平衡，使技术创新的私人收益率与社会收益率趋于一致，特别是要保护作为技术创新主体企业的积极性。

无论是产业内或产业外的溢出效应，还是国际间的技术创新溢出效应，都必须调节创新者与模仿者的收益分配。产生技术创新溢出的乘数效应与加速效应的前提是，必须保证创新的动力源——创新获得的收益。在激烈的市场竞争中，如果未对溢出产生的负效应进行控制，将会极大地抑制创新者的创新积极性。

三、研究方法与模型

（一）耦合协调模型

将外资研发与自主创新的关系界定为两者之间的耦合协同，而非外资研发对自主创新的单向影响，就是将外资研发和自主创新视为两个彼此独立又相互联系的系统，用系统耦合来反映两者之间的关系。首先，物理学中的容量耦合系数模型可以借鉴，从而构建出衡量两系统相互作用影响程度的耦合度模型，表达式为：

$$C=\{(U_1\times U_2)/[\prod(U_1+U_2)]\}^{1/2} \tag{1-1}$$

式（1-1）中，U_1、U_2 分别代表两个系统的综合发展水平评价函数。

其次，为了衡量两系统之间的耦合协调发展水平，引入耦合协调度模型，表达式为：

$$D=\sqrt{C\times T}\text{，其中，}T=aU_1+bU_2 \tag{1-2}$$

式（1-2）中，T 为两个系统综合评价指数，反映两者整体发展水平对协调度的贡献；a、b 为待定系数。由于两个系统具有同等的重要性，因此，将 a 和 b 均赋值为 0.5。

最后，基于计算结果简洁性的考虑，根据式（1-2）计算出 t 年度时间段内两个系统之间的耦合协调度，表达式为：

$$D=\frac{1}{t}\sum_{k=1}^{t}D_k \tag{1-3}$$

式（1-3）中，D_k 代表第 k 年某两个系统之间的耦合协调度。

耦合协调度 D∈［0，1］，D 值越大表示耦合协调发展水平越高，D 值越小则表明耦合协调发展水平越低。根据 D 值计算结果的不同，可将耦合协调发展过程分为由低到高四个阶段：低水平阶段、拮抗阶段、磨合阶段与协调阶段，随着协调发展阶段的提升，两个系统之间的耦合协调水平也在不断增加。

（二）综合发展水平评价模型

对于式（1-1）中外资研发与自主创新的综合发展水平，可通过加权法对其各自综合发展水平进行测算，其计算表达式为：

$$U_s = \sum_{j=1}^{n} \lambda_{sj} u_{sj} \tag{1-4}$$

式（1-4）中，u_{sj}为第 j 项指标对 s 系统的功效贡献大小；λ_{sj}为指标权重。目前权重赋值的方法较多，主要包括德尔菲法、离差最大化法、熵值法、变异系数法等，本书中各指标权重拟采用熵值法进行求解获得。

（三）熵值法确定权重

1. 原始数据标准化处理

建立评价指标体系，首先要确定要评价的对象和要评价的主要指标。设评价体系是由 m 个指标 n 个对象构成的系统，构成由 m 个指标 n 个对象的初始矩阵。原始评价信息矩阵：

$$R' = (r'_{ij})_{m\times n} = \begin{bmatrix} r'_{11} & r'_{12} & \cdots & r'_{1n} \\ r'_{21} & r'_{22} & \cdots & r'_{2n} \\ \vdots & \vdots & \ddots & \vdots \\ r'_{m1} & r'_{m2} & \cdots & r'_{mn} \end{bmatrix}, \ (i=1, 2, \cdots, m; \ j=1, 2, \cdots, n) \tag{1-5}$$

由于系统中各因素的量纲不一定相同，而且有时数值的数量级相差悬殊，这样的数据很难直接进行比较。因此，需要对原始数据做归一化处理。对 R′中各指标归一化处理方法如下：

$$r_{ij} = \frac{r'_{ij} - \min_j\{r'_{ij}\}}{\max_j\{r'_{ij}\} - \min_j\{r'_{ij}\}} (i=1, 2, \cdots, m; \ j=1, 2, \cdots, n) \tag{1-6}$$

r_{ij}为规范性矩阵中对应于第 i 行 j 列的元素，则规范性矩阵 R 可表示为：

$$R=(r_{ij})_{m\times n}=\begin{bmatrix} r_{11} & r_{12} & \cdots & r_{1n} \\ r_{21} & r_{22} & \cdots & r_{2n} \\ \vdots & \vdots & \ddots & \vdots \\ r_{m1} & r_{m2} & \cdots & r_{mn} \end{bmatrix},\ (i=1,\ 2,\ \cdots,\ m;\ j=1,\ 2,\ \cdots,\ n) \quad (1-7)$$

2. 权重的计算

计算第 i 项指标下第 j 个对象的指标值的比重 P_{ij}：

$$P_{ij}=\frac{r_{ij}}{\sum_{j=1}^{n} r_{ij}},\ (i=1,\ 2,\ \cdots,\ m;\ j=1,\ 2,\ \cdots,\ n) \quad (1-8)$$

由熵权法计算第 i 个指标的熵值 S_i：

$$S_i=-k\sum_{j=1}^{n} P_{ij}\ln P_{ij},\ (i=1,\ 2,\ \cdots,\ m;\ j=1,\ 2,\ \cdots,\ n) \quad (1-9)$$

式（1-9）中，$k=1/\ln n$，并规定当 $P_{ij}=0$ 时，$P_{ij}\ln P_{ij}=0$。

计算第 i 个指标的熵权，确定该指标的客观权重 w_i：

$$\lambda_i=\frac{1-S_i}{\sum_{i=1}^{m}(1-S_i)}=\frac{1-S_i}{m-\sum_{i=1}^{m} S_i},\ (i=1,\ 2,\ \cdots,\ m;\ j=1,\ 2,\ \cdots,\ n) \quad (1-10)$$

由此，可得到各指标较为合理的权重（λ_1，λ_2，λ_3，…，λ_n）。

（四）空间自相关分析

由于在省域层面的研究上，需要关注空间相邻性带来的影响，研究还采用了空间相关性分析方法。空间相关性分析主要包含两个方面：全局空间相关性分析和局部空间相关性分析。其中，全局相关性分析主要用于验证整个研究区域的空间模式情况；而局域相关性分析则主要是用于反映一个区域单元上的某种地理现象或某一属性值与邻近单元的相关程度。度量空间相关性的全局指标主要包括两个：一是莫兰（Moran，1950）提出的 Moran's I 指数；二是吉尔里（Geary，1954）所定义的 Geary'C 指数，且两个指数之间存在着负相关关系。对应地，反映空间联系的局部指标也包括两个：Local Moran's I

指数和 Local Geary 指数。

由于 Moran's I 指数和 Geary 指数存在着负相关关系，测度结果类似，借鉴目前学术界研究空间相关性问题的普遍方法，主要采用 Moran's I 指数进行分析。因此本书将主要采用 Moran's I 指数和 Local Moran's I 指数，从全局和局部两个角度分析空间相关性。

1. 空间权重矩阵的确定

空间权重矩阵表达了不同空间对象之间的空间布局关系，如拓扑、邻接关系等。通常定义一个二元对称空间权重矩阵 W，来表示空间区域单元间的邻近关系，具体形式为：

$$W=\begin{bmatrix} w_{11} & w_{12} & \cdots & w_{1n} \\ w_{21} & w_{22} & \cdots & w_{2n} \\ \vdots & \vdots & \ddots & \vdots \\ w_{n1} & w_{n2} & \cdots & w_{nn} \end{bmatrix} \tag{1-11}$$

其中，n 表示空间区域单元的个数，W_{ij}表示区域 i 与 j 的邻接关系。本书运用 Geoda 生成中国内地除西藏外的 30 个省域基于空间邻接关系的权重矩阵，并生成对应的权重文件，生成规则如下：

$$w_{ij}=\begin{cases} 1 & \text{当区域 i 和 j 相邻接} \\ 0 & \text{其他} \end{cases} \tag{1-12}$$

2. 全局空间相关性分析方法

采用 Moran's I 指数来反映空间邻接或空间邻近区域单元属性值的集聚程度，其表达式为：

$$I=n\sum_i\sum_j W_{ij}(x_i-x_0)(x_j-x_0)/\left[\sum_i\sum_j W_{ij}\right)\sum_i(x_i-x_0)^2\left.\right] \tag{1-13}$$

式（1-13）中，I 为 Moran's I 指数，W_{ij}为空间权重，x_i为样本 i 的属性，x_0为样本的平均值。

3. 局域空间相关性分析方法

（1）空间联系的局部指标（LISA）。

空间联系的局部指标（Local Indicators of Spatial Association，LISA）同时满足下列两个条件：一是每个区域单元的 LISA，是描述该区域单元周围显著的相似值区域单元之间空间集聚程度的指标；二是所有区域单元 LISA 的总和与全局的空间联系指标成比例。

本书采用局部 Moran's I 指数反映某一空间单元与其邻接单元在某一方面的相关程度。局部 Moran's I 指数计算表达式为：

$$I_i = \frac{(x_i - \bar{x})}{S^2} \sum_j w_{ij}(x_j - \bar{x}) \tag{1-14}$$

（2）Moran 散点图。

Moran 散点图主要用于分析局部空间存在的异质性，其横坐标表示各空间单元标准化后的属性值，纵坐标表示标准化后由空间连接矩阵所决定的相邻单元属性值的平均值。Moran 散点图分为四个象限，分别代表区域单元与其邻居之间四种不同类型的空间集聚形式。相比于局部 Moran's I 指数，Moran 散点图的特点主要在于能够进一步具体区分出每个区域单元和其邻居之间的空间联系形式。

具体包括：高高集聚（第一象限），即高观测值的区域单元被同是高值的区域所包围的空间集聚形式，说明该区域单元和周围邻居单元的属性值都比较高。该区域单元和周围邻居单元所组成的子区域，就是通常所说的热点区。低高集聚（第二象限），即低观测值的区域单元被高值的区域所包围的空间集聚形式，表示该区域单元的属性值低，而其邻居单元的属性值较高。低低集聚（第三象限），即低观测值的区域单元被同是低值的区域所包围的空间集聚形式，说明该区域单元和其周围邻居单元的属性值都比较低。该区域单元和周围邻居单元所组成的子区域即为通常所说的冷点区。高低集聚（第四象限），即高观测值的区域单元被低值的区域所包围的空间集聚形式，表示该空间单元属性值较高，而其周围邻居单元属性值较低。

（五）柯布—道格拉斯生产函数

生产函数是指在既定的生产技术水平下生产要素组合在每一时期所能生产的最大产量，是用来预测国家和地区的工业系统或大企业的生产发展途径的一种经济数学模型。本书以柯布—道格拉斯生产函数作为基础，建构创新投入、创新产出模型。在传统西方经济学定义中，生产要素包括资本、劳动、土地、企业家才能。柯布—道格拉斯生产函数在一般生产函数的基础上，排除了流动资本、企业家才能和土地投资生产要素，保留了固定资本投入和劳动投入，并引入了技术资源这一要素。其基本形式如下：

$$Y=f_t(K,\ L)=A_tK^{\alpha}L^{\beta} \tag{1-15}$$

其中，Y 为工业，A 为综合技术水平，K 为资本投入，L 为劳动投入。α、β 分别为资本和劳动的要素弹性。依据 α+β 与 1 之间的大小关系，可以分为三种类型：①α+β>1，规模报酬递增型，即按技术扩大生产规模来增加产出是有利的；②α+β<1，规模报酬递减型，即企业扩大生产规模是无利可图的；③α+β=1，规模报酬不变型，只有企业的技术水平提高才能提高经济效益。

企业在不同的发展过程中会呈现上述不同的类型，在企业发展的早期，企业一般是规模报酬递增型，在企业发展的中期为规模报酬不变型，到了成熟期则为规模报酬递减型。

柯布—道格拉斯函数由于具有结构简单、参数含义明显且具有特殊的含义、方便转化为线性函数等多种优良特性而成为非常重要的生产函数。

（六）面板数据模型及分析方法

1. 面板数据、面板数据模型

在外资研发影响自主创新的机制讨论中，依托省域或产业的面板数据进行实证分析。按照一般的定义，面板数据（Panel Data）是指在时间序列上取多个截面，在这些截面上同时选取样本观测值所构成的样本数据。面板数据既是由若干个个体在某一时刻构成的截面观测值，又是若干个时间序列的集合，同时具有空间和时间的双重特性。

面板数据的表示方法如下：

$$Y_{it}:\ (i=1,\ 2,\ \cdots,\ N;\ t=1,\ 2,\ \cdots,\ T) \tag{1-16}$$

其中，i 表示面板数据研究的个体，即每一横截面所包含的观测值，t 表示时间长度，即每一个体的纵截面数据量。Y_{it} 则表示个体 i 在第 t 期的观测值。对于给定的面板数据样本，如果每一个横截面观测数量相同，那么该面板数据样本为平衡面板数据，如果存在横截面数据观测值丢失，则该面板数据样本为非平衡面板数据。

面板数据模型一般形式为：

$$y_{it}=a_i+x_{jit}b_{ji}+u_{it}(i=1,2,\cdots,N,t=1,2,\cdots,T) \tag{1-17}$$

其中，y_{it}为被解释变量在横截面 i 和时间 t 上的数值，x_{jit}为第 j 个解释变量在横截面 i 和时间 t 上的数值，u_{it}为横截面 i 和时间 t 上的随机误差项，b_{ji}为第 i 个横截面的第 j 个解释变量的参数，a_i为截距项，表示横截面 i 的影响。

依据对个体假设的不同，面板数据模型又可分为三种：①无个体影响的不变系数模型，即假定不同个体的截距项相同，且不存在时间上的结构变化（$a_i=a_j$，$b_i=b_j$），这种情况下可以采用 OLS 进行估计；②变截距模型，即假定个体之间存在差异，但是无结构变化的类型（$a_i\neq a_j$，$b_i=b_j$）；③变系数模型，该模型假定数据不仅个体之间存在差异，而且还存在个体成员结构上的变化（$a_i\neq a_j$，$b_i\neq b_j$）。

2. 面板数据分析方法

面板数据分析方法一般有三种。一种是混合面板数据分析，即不考虑个体影响、不变系数情况下的分析，这种分析方法假定数据不存在时间和截面上的显著差异；另外两种为固定效应分析和随机效应分析，这两个模型在基本的面板数据模型基础上考虑了更为一般的情况，在模型中添加时期个体恒量 γ_t，而两者的区别正是表现在对个体恒量 γ_t 的处理上。

$$y_{it}=a_i+x_{jit}b_{ji}+u_{it}+\gamma_t(i=1,2,\cdots,N,t=1,2,\cdots,T,j=1,2,\cdots,K) \tag{1-18}$$

其中，a_i 代表了截面个体的特征，u_{it}代表了未被模型考虑的随机误差项。固定效应分析假定 γ_t 为未知的确定常数，而随机效应分析将 γ_t 视为和 u_{it}一样未定的随机变量。

3. 面板数据模型、方法的选择

面板数据分析基于基本的面板数据模型，依据上文可知面板数据存在三种模型：不变系数模型、变截距模型、变系数模型，具体选择哪种模型必须依据下面的分析。建立如下假设：

H1：斜率在不同时间都相同，但是截距不同（$a_i \neq a_j$，$b_i = b_j$）。

H2：斜率和截距在所有时间和平面内都相同（$a_i = a_j$，$b_i = b_j$）。

如果接受 H2，则不进行下一步检验，模型形式为无个体影响的不变系数模型。如果拒绝了 H2，那么检验是否接受 H1。如果接受 H1，那么模型形式为变截距模型，反之，则为变系数模型。记 S1、S2、S3 分别为变系数模型残差平方、变截距残差平方和以及不变系数模型的残差平方和，N 为个体数，K 为解释变量个数，T 为数据周期，那么假设 H2、H1 下检验统计量 F2、F1 服从自由度下的 F 分布（巴蒂 · H. 巴尔塔基，2010），即：

$$F2 = \frac{S3-S1}{(N-1)(K+1)} \Big/ \frac{S1}{NT-N(K+1)} = \frac{(S3-S1)/(N-1)}{S1/(NT-N-K)} \sim F[(N-1)(K+1), N(T-K-1)] \tag{1-19}$$

$$F1 = \frac{(S2-S1)/(N-1)K}{S1/[NT-N(K+1)]} \sim F[(N-1)K, N(T-K-1)] \tag{1-20}$$

检验过程：如果 $F2<F_{a2}$，则接受 H2，反之则拒绝 H2，检验 H1。如果 $F1<F_{a1}$，拒绝 H1，接受 H3。其中F_{a2}、F_{a1}为给定显著性水平 a 下的 F 值。在时间跨度较短的情况下，往往不考虑变参数模型，仅考虑变截距模型和不变参数模型。

四、研究特色与不足

（一）研究特色

1. 研究视角：从单向溢出转向双向耦合

外资研发溢出效应研究一直是实证研究多于规范研究，往往是针对某一个区域在某一个时段上来考察外资研发效应，构建模型，分析数据，就一点一地而得出结论，缺乏系统性和动态性的理论研究框架。本书引入耦合协调模型，探索现象研究（动态系统）—关联研究（耦合协调）—机制研究（对比归纳）—政策研究（对策建议）的研究路径，为外资研发与自主创新双向关系的研究提供系统的分析框架，奠定了基于系统耦合的外资研发系统与自主创新系统评价体系基础。具体而言，本书在充分界定外资研发系统与自主创新系统之间的耦合通道的基础上提出，外资研发系统与自主创新系统彼此间存在明显的耦合互动关系，系统间各要素相互作用，彼此影响，并通过系统内部要素的不断组织和演化，使得两者之间趋于协调发展。外资研发系统与自主创新系统的综合发展水平及其耦合协调度能够客观反映两者的耦合关系，但此前，必须要建构科学合理且可行的系统耦合评价体系。

2. 研究方法：从单一方法转向多重分析

以往对外资研发投入与内资企业的自主创新关系的研究，大多采用面板数据分析方法，测度外资研发的溢出效应是正还是负。本书则汇集了耦合协调模型、柯布—道格拉斯生产函数、面板数据分析、空间统计分析等多种研究方法，将相关性分析上升到耦合性分析。运用耦合协调模型量度各省域、各产业外资研发与自主创新之间的耦合协调度，并厘清两个系统各自的综合发展水平；运用柯布—道格拉斯生产函数和面板分析，构建两阶段模型，探讨外资研发影响自主创新的要素与机制；运用空间统计分析方法，直观表现外资研发与自主创新耦合效应的空间特征以及空间相关性。特别是在理论模型构建上，突破了在外资研发投入与内资创新产出之间直接构建研究逻辑的研究范式，建构了外资企业研发投入—内资企业创新投入、内资企业创新投入—内资企业创新产出两阶段模型，并对两阶段的实证结果进行联合分析，以便更加清晰地把握外资研发影响自主创新的作用机理和溢出效果；同时，聚焦不同创新要素投入所起到的不同作用，基于资本和劳动两种创新要素来考察外资企业的创新要素投入的变动对内资企业创新产出的影响。

（二）不足之处

受到微观数据的限制，在讨论外资研发与自主创新的耦合机制方面不够深入，区域和产业尚可利用宏观数据，而企业则更加需要微观的数据支撑，因此需要进行大量的访谈调研工作。由于企业研发活动又涉及企业核心机密，因此，难以找到足够的接受调研的样本，无法实现对微观数据的统计分析和计量研究，导致微观数据获取困难，耦合机制研究无法深入到企业层面。

即使在区域数据和产业数据方面，仍然面临着统计口径变化产生的数据不可获性问题。由于《中国科技统计年鉴》自2009年起开始不再单独统计外资研发各项指标的数据，2008年是指标数据可获的最近年份，省域和工业行业所用数据样本区间为1998~2008年。这使得研究结论只具有理论意义和学术贡献，只能通过对可获最新数据的高技术产业进行细分研究稍作弥补。

参考文献

[1] MacDougall G. The Benefit and cost of Private Investment from Abroad：A Theoretical Approach [J]. Economic Research，1960 (36)：13-35.

[2] Caves Richard. International Corporations：The Industrial Economics of Foreign Investment [J]. Economical，1971 (38)：1-27.

[3] Caves Richard. Multinational Firms，Competition and Productivity in Host Country Markets [M]. Cambridge，Mass，MIT，1960.

[4] 刘耀彬，李仁东，宋学锋．中国区域城市化与生态环境耦合的关联分析[J]. 地理学报，2005，60 (2)：237-247.

[5] 张燕，吴玉鸣．中国区域工业化与城市化的时空耦合协调机制分析[J]. 城市发展研究，2006，13 (6)：46-51.

[6] 李红锦，李胜会．人口迁移承接与珠三角城市经济社会结构演变的耦合[J]. 经济地理，2013，33 (8)：46-51.

[7] 刘浩，张毅，郑文升．城市土地集约利用与区域城市化的时空耦合协调发展评价——以环渤海地区城市为例[J]. 地理研究，2011，30 (10)：1805-1817.

[8] 高楠，马耀峰，李天顺等．1993~2010年中国入境旅游与进口贸易耦合关系时空分异研究[J]. 经济地理，2012，32 (11)：143-148.

[9] 韩宝龙，李琳．地理邻近对高新区创新绩效影响的实证研究[J]. 科技进步与对策，2009 (17)：40-43.

[10] Blinder A. S.，Gordon，Roger H.，Wise D. E. Social Security，

Bequests and the Life Cycle Theory of Saving: Cross-sectional Tests [M]. The Determinants of National Saving and Wealth. Palgrave Macmillan UK, 1983.

[11] Vernon R. International Investment and International Trade in the Product Cycle [J]. International Executive, 1966, 8 (4): 307-324.

[12] Krugman P. A Model of Innovation, Technology Transfer, and the World Distribution of Income [J]. Journal of Political Economy, 1979, 87 (2): 253-266.

[13] Dollar D. Technology Innovation, Capital Mobility, and the Product Cycle in North-South Trade [R]. Working Papers, 1986: 177-190.

[14] Jensen R., Thursby M. A Strategic Approach to the Product Life Cycle [J]. Journalof International Economics, 1986, 21 (3): 269-284.

[15] Flam H., Helpman E. Vertical Product Differentiation and North - South Trade [J]. American Economic Review, 2001, 77 (5): 810-822.

[16] Segerstrom P. S. Innovation, Imitation and Economic Growth [J]. Journal of Political Economy, 1991, 99 (4): 807-827.

[17] Hagerstrand T. The Propagation of Innovation Waves [J]. Lund Studies in Geography, Human Geography, 1952 (4): 3-19.

[18] Haugerstrand T. The Determinants of Technology Adoption: The Case of the Banking Firm [J]. Rand Jorunal of Economics, 1967 (15): 328-335.

[19] Mansfield E., Romeo A. Technology Transfer to Overseas Subsidiaries by U. S. -Based Firms [J]. Quarterly Journal of Economics, 1980, 95 (4): 737-750.

[20] Rogers E. M. Diffusion of Innovation [J]. Lap Lambert Academic Publishing, 2003, 17 (1): 62-64.

[21] Schlosser G. Technology Transfer, Innovation and International Competitiveness [J]. Guang zhou Medical Journal, 1981, 114 (2): 232-243.

[22] Moran P. A. P. Notes on Continuous Stochastic Phenomena [M]. Biometrika, 1950, 37 (1): 17-23.

[23] Geary R. C. The Contiguity Ratio and Statistical Mapping [J]. The Incorporated Statistician, 1954, 5 (3): 115-145.

[24] 巴蒂·H. 巴尔塔基. 面板数据计量经济分析（第四版）[M]. 白仲林等译. 北京：机械工业出版社，2010.

第二章　国内外研究进展

对外资研发与自主创新关系的讨论肇始于 FDI（Foreign Direct Investment，外国直接投资，也称外商直接投资）对东道国技术创新影响的研究，相比于外资研发活动，FDI 这一类外国直接在华投资的活动更加容易得到学界的广泛关注，因此，对 FDI 技术溢出效应的研究相当热门。多数研究者认为，FDI 不仅是资本、先进知识和技术的载体，更是技术溢出（Technology Spillover）的源泉，是跨国公司对东道国技术进步和经济增长产生影响的重要途径。外资研发是 FDI 中投入到研发创新领域的资金，比起一般的 FDI，外资研发与技术创新的关系更加密切，我们将研究视野更加聚焦于外资研发与自主创新的关系，直接相关的研究成果集中在 FDI 溢出效应、外资研发溢出效应、外资研发溢出的影响因素三个方面，只有充分了解这些国内外研究的进展，才能准确定位本书的角度、重点与关键，构建创新性差异化的外资研发与自主创新关系框架和研究逻辑。

一、FDI 溢出效应研究

跨国公司在东道国的直接投资促进了当地技术或生产力水平的进步，但跨国公司却无法通过市场手段获得其投资的全部收益，从而对东道国产生正的外部效应（Giorda C.，1998），即产生了 FDI 技术溢出效应（杨晓静、刘国亮，2013）。目前，关于外资研发溢出效应的研究成果较为丰富，通过梳理归纳可以发现外资研发对自主创新主要存在三种争议：促进论、抑制论以及双刃剑论。其中，促进论认为外资研发能够促进本国自主创新；抑制论则认为外资研发不会促进自主创新，还会在一定程度上对自主创新产生抑制作用；双刃剑论则认为外资研发对自主创新的影响较为复杂，既存在积极的促进作用，又存在负向的抑制作用，且这种复杂的影响也会受到行业、地域等客观因素的影响。

（一）FDI 技术溢出效应

1. 促进论

国外赞同这一观点的学者詹姆士、布瑞恩—阿什克罗夫特以及斯图尔特—邓禄普（James H.，Brian Ashcroft，Stewart Dunlop，1996）以实证的方式研究外国所有权对苏格兰制造业创新的影响，结果表明外国所有权对苏格兰制造业的创新具有明显的促进作用。Cheung K. Y.（2004）通过专利申请量来衡量自主创新，并研究外商直接投资对自主创新的影响，结果表明外商直接投资对创新具有积极的正向作用。弗罗里达（Florida，1997）研究表明提升区域自主创新能力对于吸引更多的外资企业集聚具有明显的促进作用，同样地，在区位的选择上，跨国公司通常也更加倾向于在具备较好的相关行业专业技术基础的国家或地区设立研发机构，开展研发活动。吉尔马等（Girma S. et al.，2008）以外商直接投资和创新活动为研究对象，通过对两者关系的实证分析，表明与其他公司相比，外资公司或者获得国内银行贷款较容易的公司，其相应的创新活动强度也较大。Sasidharan S.（2011）研究发现，外商直接投资的流入对外资公司进入高新金属行业和所有权较少的公司的研发投入都有推动作用。

国内有关外资对自主创新促进作用的研究也十分丰富，主要是从区域角度和产业角度进行探讨。从区域角度出发，主要基于中国整体或地区的相关情况，冼国明、薄文广（2005）在分析 FDI 对中国技术创新的溢出效应时发现 FDI 主要促进了专利中的外观设计专利申请量的增加。宋大勇（2009）和李梅、谭力文（2009）研究发现 FDI 对创新具有一定的正向影响。吴德进（2008）基于福建省不同来源地 FDI 的面板数据，分析了外商直接投资对福建省自主创新的影响，最后得出，总体上外商直接投资能显著促进福建省的自主创新的结论。涂涛涛（2009）研究了垂直联系在外商直接投资与中国企业自主创新关系中的作用，结果表明无论是企业的自主创新还是 FDI 的技术溢出，垂直联系都能起到积极的作用。彭建平、李永苍（2014）利用省际数据建立面板数据模型得出外商直接投资对我国自主创新能力有显著正影响的结论。叶娇、王佳林（2014）将江苏省作为研究对象，通过实证检验得到外商直接投资对江苏省的技术创新存在正向溢出效应的结论。

从产业角度出发，主要是以工业或高新技术产业为研究对象。冼国明、严兵（2005）基于全国大中型工业企业的面板数据，实证分析了外商直接投资对我国内资企业技术创新的作用。王红领、李稻葵、冯俊新（2006）利用1998~2003年中国37个工业行业的数据，通过回归分析探讨外商直接投资对我国企业自主创新能力的影响，研究发现外商直接投资对内资企业的自主创新具有正效应。岳书敬（2009）以中国高技术产业为研究对象，分析了外资对内资企业创新能力的作用，最后他认为外资企业与内资企业之间是相互促进的关系，一方面，外资企业对内资企业技术创新能力具有正向作用；另一方面，内资企业创新能力的提高在一定程度上也促进了外资企业创新水平的提高。盛垒（2010）利用1998~2006年37个工业行业的面板数据，实证研究了研发活动能否有效提升内资企业的自主创新，研究结果表明行业外资研发的增多对我国自主创新具有一定的推动作用。

2. 抑制论

外资的知识溢出和技术转移并不会自动提高东道国民族企业的自主创新能力，知识外溢的效果是与当地企业吸收能力相联系的。只有具备了一定的知识吸收能力，才能将外资研发溢出的技术知识内生化，才能产生创造新知识的能力，才能真正形成自主创新能力。按照知识外溢理论，外资研发活动的进入会直接或间接地给东道国企业带来知识或技术上的扩散，从而促进东道国科技能力的提高。但令人担忧的是，如果东道国企业只是简单地模仿和复制外国企业的技术，就会失去自主创新的动力，从而抑制自主创新能力的发展。

国外支持这一观点的学者Günther（2002）以匈牙利产业为研究对象，通过实证研究发现外国企业与国内企业由于技术上的差异，两者在产业内的经营相互独立，并无关联，因此没有形成有效的技术溢出效应来促进创新，同时外商直接投资的技术溢出效应对国内企业的影响具有偶然性，并不是普遍存在，因此尚未对国内企业的创新活动起到促进作用。范等（Fan C. S.，2007）通过对企业层面的数据进行研究发现，企业的研发投入与外资投入呈负相关关系，而行业层面的外商直接投资对该行业中外资参与程度较高的企业的研发投入具有正效应。通过将这两种作用综合发现，外商直接投资对中国研发的净影响是负的。Zhang 等（2009）指出外商直接投资越多，国内企业的专利申请量越少，总体上呈负相关关系。Zhou（2010）通过实证研究发现外商直接投资对中国西部地区的自主创新具有抑制作用。Stiebale 等（2011）指出外资收购在很大程度上抑制了企业的创新活动，同时对创新主体的平均研发经费支出存在负向影响。

国内一些学者研究认为出让的市场并未能换回先进的技术。蒋殿春（2004）通过构建一个二阶段博弈模型，分析了跨国公司参与国内竞争对国内企业研发融资能力的影响，得出了跨国公司投资带来的竞争效应往往会恶化国内企业研发融资能力的结论。同时，他讨论了跨国公司技术扩散效应等影响因素的作用，认为在大多数情况下，跨国公司带来的竞争冲击将会弱化我国企业的研发动机和能力。有的学者指出，中国目前正步入现代化陷阱，即“越落后越引进、越引进越落后”。在以市场换技术的政策导向下，大量的跨国公司涌入中国，但跨国公司为了保持对我国市场的垄断地位，对引进技术采取严密控制的战略，造成我国自主创新的对外依赖。范承泽、胡一帆、郑红亮（2008）通过实证研究表明，企业的研发投入与其所利用的外资数量呈负相关，外商投资越多，研发投入越少，而行业层面的外资对利用外资较多的企业的研发投入能起到正向作用，但综合两者的影响发现，外资对中国国内研发投入的净影响是负的。王鹏、张剑波（2013）以 2001~2010 年我国 13 省市的经济数据为基础，分别考察了外商直接投资和官产学研合作对新产品和专利产出的影响，研究发现外商直接投资对专利产出的影响并不显著；官产合作和产研合作对两类创新产出的促进作用并不明显。

持“抑制论”的学者从我国企业与发达国家企业的差距出发，检讨了以往中国政府引资政策的失误，并认为外资研发的大规模进入没有带来本土技术创新水平的提高。不仅如此，外资研发机构的设立，以优越的条件吸引了中方大量高级科技人才，并从国有企业、科研院所挖掘人才和技术，从而导致我国企业逆向技术扩散的问题。这样，“以市场换技术”的战略不但没有换得技术，甚至连自己的技术都在合作中丧失。

3. 外资研发溢出的两面性——双刃剑论

在外资研发与自主创新成为我国科技发展和技术进步两条主旋律的背景下，在华外资研发不断发展，外资研发活动已成为中国国家创新系统的重要组成部分。外资研发和自主创新同属区域创新系统的子系统，是区域创新体系的重要组成部分，两者彼此独立且交互作用，共同决定了区域/产业技术创新发展水平。

雷迪（Reddy，1997）研究了跨国公司在印度的研发投资，认为跨国公司在发展中东道国的研发行为通过某些途径增加了当地的创新能力，这些途径包括：为东道国带来新的设备和全球知识网络、给东道国科学家带来了“商业文化”理念以及增强了东道国科研人员的应用能力。但在跨国公司的高薪诱导及政策激励下，当地大批优秀技术人员流向外资企业，导致国内企业技术人员短缺。另外，对发展中东道国来说，跨国公司的海外研发可能会制造一些所谓的“高科技孤岛”（High-tec enclaves），这些领域一般很少有知识扩散到当地经济中去。不过雷迪（Reddy）认为，由于知识和技能不会长时间孤立，随着人才的流动和在本地采购材料，这些知识最终会扩散到当地经济中去。吉尔马等（Girma S. et al.，2006）认为，FDI 能促使国有企业进行产品创新，企业层面的外商直接投资与创新活动正相关，但在行业层面，FDI 的流入会抑制国有企业的自主创新。

国内对外资在华研发活动的研究也得出了类似结论。杜德斌[①]认为，外资研发存在“三利三弊”，即外资扩大了我国整体研发规模，但外商技术控制进一步加强；外资在华研发有利于人才集聚，但人才资源的市场争夺加剧；外资的技术有所外溢，但也存在技术“逆向扩散”（Reverse Diffusion）的风险。董书礼（2004）表示，外资研发本地化条件下的我国产业技术进步是一个双

① 杜德斌：《跨国公司研发与上海科技创新发展》，上海市科学技术委员会内部资料，2006 年。

方博弈的过程，既有可能促进我国产业技术进步，也有可能造成不利影响。立足实证研究，张海洋（2005）在研究外资对内资企业生产效率增长的影响时发现，若剔除内资企业自主研发的正面因素，FDI 对国内企业生产效率提高的影响不显著。许和连、禄雪焕（2008）利用工业行业面板数据，并从行业层面和企业层面研究 FDI 对内资企业技术创新能力的影响和具体效应，研究发现，行业层面上，外资对内资企业的技术创新没有显著影响，而企业层面上，外资的影响因企业类型不同而不同，FDI 有效促进了技术密集型内资企业技术创新能力的提升，而对劳动密集型内资企业的技术创新能力没有显著影响。刘星、赵红（2009）分地区研究了 FDI 对我国自主创新的影响，结果证明确实存在地区差异，FDI 对东部地区的自主创新具有相对较大的促进作用，对中部的促进作用相对较弱，但对西部地区则表现出抑制作用。

（二）FDI 技术溢出机制和渠道

1. FDI 的技术溢出机制

国外关于 FDI 技术溢出机制研究具有代表性的学者为凯夫斯（Caves，1974），他将 FDI 技术溢出机制概括为三个方面：①跨国公司强行进入东道国具有较强进入壁垒的行业，遏制了垄断扭曲，改善了资源配置效率；②跨国公司产生的示范效应或不断增加的竞争压力，迫使当地企业提高现有资源的使用效率，促进了当地技术效率的提升；③跨国公司进入东道国后，竞争、反复模仿或其他原因使技术转移和扩散速度不断加快。

国内对 FDI 技术溢出机制研究的学者李平（2006）认为，FDI 技术溢出主要有三种机制：①东道国企业对国外技术知识的直接学习。表现为 MNC 子公司获得国外先进技术（Dunning，1998），然后将技术扩散到东道国当地经济中，这种扩散主要有自愿和非自愿两种方式。②利用跨国公司子公司在当地经营中产生的“联系效应”（Lall，1980）。③MNC 的 R&D 日趋当地化。

就溢出效应（Spillover Effect）而言，其是指一个组织在进行某项活动时，不仅会产生活动所预期的外部收益，而且是活动的主体得不到的收益。溢出效应分为知识溢出效应、技术溢出效应和经济溢出效应等。总结学者的相关研究发现，Kinoshita（2001）、张建华和欧阳轶雯（2003）将 FDI 溢出效应归纳为示范效应、竞争效应、关联效应和人员培训效应四种效应。傅元海等（2010）认为，FDI技术溢出机制包括示范效应、竞争效应、联系效应和人力资本流动效应四种。

综上所述，国内外关于FDI技术溢出机制方面的研究大多相似，研究结论基本一致。FDI技术溢出各机制相互渗透、相互促进，共同作用，有效推动技术的转移和扩散。

2. FDI的技术溢出渠道

现有研究一般把FDI技术溢出渠道分为行业内（也称横向或水平）技术溢出和行业间（也称纵向或垂直）技术溢出。

就行业内技术溢出而言，Katz（1970）通过研究发现阿根廷制造业跨国公司的出现对当地企业技术进步的促进作用不仅发生在跨国公司所在的产业，也发生在其他产业。Kugler（2000）最早用计量方法来探讨FDI行业间技术溢出，他通过哥伦比亚制造业的相关数据，发现一个制造业部门的FDI与另一个制造业部门的生产率增长之间存在格兰杰因果关系。在此基础上，Guo和Chen（2011）分析运用中国规模以上制造业2001~2009年行业层面数据发现，FDI对东道国企业知识生产（特别是产品类知识生产）行业内溢出效应显著为正，对专利类知识生产的行业间溢出效应显著为负，而对产品类知识生产的行业间溢出效应虽为正但不显著。

就行业间技术溢出而言，姚洋、章奇（2001），严兵（2006）和姜瑾、朱桂龙（2007）利用中国工业行业数据，相继证明行业间技术溢出确实是存在的，且比行业内溢出更加明显。随后，Kohpaiboon（2006）、Javorcik和Spatareanu（2008）、Crespo等（2010）、Le和Pomfret（2011）以及Suyanto和Salim（2013）都选取了不同国家进行实证研究，结果发现行业间效应比行业内效应提供更多的技术溢出渠道，因此，他们认为行业间技术溢出应是进行重点研究的领域。行业间溢出又可以分为前向关联溢出和后向关联溢出两种。前向关联中，MNC子公司向当地企业出售中间品，使得后者无意中使用了国外的先进技术；后向关联中，子公司通过技术帮助、管理培训、质量控制和标准化等将技术转移给当地供应商，从而引起技术的扩散（邱斌等，2008）。

二、外资研发溢出效应研究

这里主要探讨外资研发活动对东道国的溢出效应研究。

早年的研究认为，在自由市场经济中外资研发进入会“自发”带来正面的技术溢出效应，发展中国家因此能够逐渐缩小与发达国家之间的技术差距，并不需要东道国政府产业政策的干预。但经济现实以及多项实证研究表明，外资研发的影响并不全是正面的，也可能有负面的（Aitken & Harrison，1999；UNCTAD，1999；Kugler，2006）。

第一种结论是外资研发的知识溢出效应不但存在，而且相当显著。如曼斯菲尔德（Mansfield，1984）研究表明这些跨国公司的海外研发投资存在明显的知识外溢效应，美国跨国公司海外研发投资对东道国生产率的影响是国内研发投资的7倍。Monhnen（1990）分析加拿大制造业数据发现，外资研发的收益率为30%，内资研发的收益率为20%，而且产出增长的15%及全要素生产率的50%由外资研发投资引起。威廉姆斯等（Williams et al.，1998）实证研究表明研发存在显著的溢出效应。

在华外资研发与中国自主创新的关系方面，也有不少相似的研究结论显示出，外资研发投入和中国自主创新之间呈现出明显的正相关关系。范爱军和韩青（2007）研究了跨国公司在华研发本地化是否存在显著的溢出效应，结论是以人员度量的溢出最大，而以经费度量的溢出最小。杜群阳（2008）研究表明，外资研发介入强度越高，对我国的知识溢出效应越大。张宇（2008）等通过实证分析认为FDI可以导致本国产业逐渐实现地理集聚，而这样的集聚又推动相关行业或产业的技术进步和创新，其中高新技术产业的正向作用尤为明显。王然、燕波、邓伟根（2010）从产业关联角度出发研究分析FDI的垂直外溢效应对我国国内自主创新能力的影响及其作用机制，研究表明FDI前向关联效应显著提高了下游内资企业的创新能力，但是其后向关联效应则会对上游企业的自主创新产生抑制作用。盛垒（2010）则对我国37个工业行业1998~2006年的面板数据进行实证分析，结果表明FDI研发的上升明显提升了内资企业的创新能力，但其结果也反映出行业间的差异性。张振刚、胡琪玲（2012）实证分析发现，外资研发的技术溢出对本地企业的创新能力产生显著的正向影响，但与本地企业的自主创新投入相比，其影响相对较小。

第二种结论则是外资研发在短期内并没有产生明显的溢出效应，甚至对东道国技术创新会产生消极影响。如 Reddy（1997）对印度 32 家跨国研发机构的调查表明，跨国研发机构与东道国当地创新系统之间的联系主要是与当地大学和研究机构的联系，而与当地企业之间的联系有限。Aitken 和 Harrison（1999）对委内瑞拉企业的研究结果显示，跨国公司的进入对该国企业的研发能力产生了显著的负面影响。Yuko Kinoshita（2000）研究了跨国公司研发知识溢出对捷克企业生产率的影响，发现合资企业对东道国当地企业没有产生知识的溢出，没有证据表明外资投资伙伴的加入会使本地企业获得技术溢出。Feinberg 和 Majumdar（2001）研究显示，跨国公司在印度的知识流动主要发生在跨国公司之间，与印度企业之间的联系很少，因而跨国公司在印度的研发活动溢出效应并不明显。

相当多的中国学者对外资研发与自主创新关系的研究也得出同样的结论认为，外资研发投入并不能直接推动本土自主创新，甚至产生抑制作用。薛澜等（2002）认为，跨国公司独资研发机构通过知识溢出可以促进东道国相关产业的技术进步，但在跨国公司与东道国企业技术差距比较大的情况下，独资研发机构知识溢出的可能性极小甚至为零。李蕊（2004）认为各行业的增长速度可以构成外资研发投入的原因，而外资研发投入并不能构成行业增长速度的原因。吴林海等（2006）指出由于跨国公司对海外研发投资的控制力度比 FDI 更大，因而外商研发投资对我国的正向知识溢出比 FDI 的溢出效应更低，外资在华研发对我国的反向溢出效应比正向溢出效应更明显。哈斯克尔（Haskel，2007）基于英国的实证分析表明在特定的条件下，FDI 对本国国内的技术进步和创新产生抑制作用。范（Fan，2007）基于公司层面的微观数据研究发现，本国公司的研发投入将会随着其引入的 FDI 数量的增长而下降，但从行业层面来看，行业的 FDI 的引入对该行业中有 FDI 参与的企业的研发投入起到了促进作用，不过综合两方面的影响得到的结论是外资研发对本国的自主研发创新净效应为负。阿吉翁等（Aghion et al.，2009）的研究表明基于熊彼特式的竞争模式，本国国内企业与 FDI 投入国之间的技术差距越大，溢出效应就越低。如果本国国内企业远离进入外资企业的技术前沿，那么 FDI 的进入会降低本国国内企业创新的积极性。周艳梅（2011）基于行业层面的研究指出，FDI 的进入对本国国内的研发支出会产生明显的抑制作用，但是，相比于其他一般行业而言，高新技术业受到的抑制程度明显偏小。毕克新等（2011）认为，外商直接投资对中国制造业清洁生产的技术创新以及后端治理技术都带来了显著的负面综合影响。

近年来，随着研究的深入与细化，也有新观点出现，亦即不同国家、不同部门、不同途径的 R&D 溢出效应存在差异。如 Alistair Dieppe 和 Jan Mutl（2013）研究发现，在同一部门，研发对全要素生产率的影响是正面的，但是整体而言，对于其他部门和国家却有负面影响，同时，在不同国家不同部门，这些影响表现出高度的异质性。

在中国，外资研发溢出效应的行业差异或地区差异的研究也渐受重视。林逸（2008）认为外资公司 R&D 存量对本国公司 TFP 的效应因行业不同而不同。唐礼智（2009）对福建的研究发现外资研发活动的溢出效应存在明显的地区差异，外资研发密集地是溢出效应明显地。盛垒（2010）认为从长期看，外资研发有助于中国省区的技术效率提升，但有显著区域差异。李武威、曹勇（2012）认为外资研发对本土企业产品创新绩效的影响存在区域差异。

三、外资研发溢出影响因素研究

少数学者对外资研发知识溢出强度的影响因素进行了探索，归纳而言，至少来自研发机构和东道国（区域）两方面的因素会对外资研发的溢出效应产生影响，外资研发机构的性质、规模、开放性以及与当地的互动程度，东道国或区域本身的技术水平都影响着外资研发溢出。

一般认为，外资研发机构与当地互动程度决定了跨国公司海外研发知识溢出的强度高低。拉尔（Lall，1980）认为，外资研发机构在与东道国企业及科研单位的互动中产生研发外溢作用，往来越密切，一体化程度越高，产生的外溢效应越大。戈戈（Kokko，1992）、柯莫尔（Kuemmerle，1997）、彭纳·哈恩（Penner-Hahn，1998）等认为跨国公司海外研发机构的性质和功能层次将决定其知识溢出能力，层次越高，与东道国创新体系之间的作用越明显，对地方知识溢出效应越显著。Fosfuri（1999）研究指出，跨国公司研发机构与东道国企业、研发机构之间的人员流动越是频繁，则技术外溢效应越为明显。方、林安达·萧（Fang & Linand Hsiao，2002）等研究发现，针对全球市场研发设立的研发机构与我国台湾创新体系之间的互动最频繁，针对地方市场开发的研发机构次之，以支持地方生产为目的的研发机构最低。

除了外资研发机构自身因素之外，东道国自身的吸收能力也是影响外资研发溢出效应的重要因素。戈戈（Kokko，1994）认为技术差距不能太大，否则当地企业将无法吸收跨国公司的先进技术。奥兰多（Orlando，2000）研究发现知识技术接近性比地理接近性更有利于企业间研发知识的溢出。Marjolein等（2001）研究表明跨国公司研发和地方企业之间知识的高效转移依赖于双方是否有适度的“势差”。马鲁拉等（Narula et al.，2003）也认为，为了有效获取从外资研发机构外溢的知识或技术，东道国必须具备一定的技术水平。刘等（Liu H. L. et al.，2010）通过对我国台湾大都市区制造业的研究发现，公司的规模越大接受的溢出效应越高。此外，国家本身的异质性也成为近年来的研究热点，如 Coe 等（2008）基于制度变量的实证分析结果显示，制度上的差别是重要的全要素生产率决定因素，影响着研发外溢程度。孙宁（2014）研究发现内资企业吸收能力在外资企业的研发资本投入与研发人力投入方面存在门槛效应，它们的研发溢出对内资企业技术创新提升的作用整体是向上的，外资企业的来源差异以及内资企业的吸收能力的不同会产生不同的影响。企业规模、企业家、企业文化、完善的企业制度以及企业的信息化建设等都会成为影响内资企业对外资企业研发溢出吸收效果的重要因素。

四、研究评述

外资研发与自主创新关系的研究以外资研发溢出效应为主，外资研发溢出效应研究是 FDI 知识溢出研究的深化和细化，虽然 FDI 知识溢出研究已取得相当丰厚的成果，但专门针对外资研发溢出效应的文献相对较少，从现有的研究来看，外资研发溢出是一个错综复杂的系统问题，国内外学术界已关注到这一问题，并对此进行了探索。目前的研究特点如下：第一，与 FDI 溢出效应的研究相比，外资研发溢出研究还处于起步阶段，相关的研究结论仍然局限于促进论、抑制论以及双刃剑论（或不确定论）三种观点的争执。第二，对外资研发与自主创新的关系缺乏全面系统的专题研究，多数研究是单一地测度全国或某一地方的溢出效应，采用产业或区域（国家）的面板数据加以分析，由于样本范围、变量选取等方面的差异，往往会造成实证结果结论不一的局面。第三，虽然对外资研发与自主创新关系的行业差异和区域差异研究有所关注，但尚未深入到两者交互关系的深度，缺乏对外资研发溢出的行业差异或区域差异的机理探讨。

基于对相关研究的全面梳理我们发现，虽然对外资研发与自主创新关系的探讨是一个热点问题，但是，纷繁复杂的研究方法、含义各异的变量选择以及不一而足的研究样本，再加上各执一词的研究结论，所揭示的无非是 FDI 或外资研发对自主创新是否存在影响，并未突破外资研发影响自主创新这一单向的维度，几乎所有的研究都没有考虑自主创新也可能反作用于外资研发，两者的相互影响在以往的研究中被有意或无意地省略了。这一方面跟经济学研究的规范性和倾向性有关，绝大部分经济学研究围绕变量之间的因果关系展开，互为因果的关系在经济学的模型构建中很难实现；另一方面也与国情和发展阶段密切相关，发展中国家（地区）在发展初期往往更加重视外资对自身经济、社会、科技的作用，以大力引进为主，并不考虑适合本地发展水平而限制外资进入规模，这同样左右了相关研究的立足点。时至今日，中国的经济实力与科技实力已经跻身世界前列，我们对外资的态度应由重“量”转向重“质”，如何在适合自身发展水平和发展需要的基础上，结合区域差异和行业差异，控制优化合理的外资研发规模，应该成为以后研究的关键点。

在这样的背景下，引入跨学科的理论框架和研究方法，破解经济学对 FDI/外资研发溢出研究的单向属性，重新构造外资研发与自主创新的关系，显得相当迫切。如果将外资研发和自主创新定义为区域/产业创新系统的子系统，系统之间的耦合属性为我们提供了一个全新的思维范式和研究视角。耦合理论研究本来属于自然科学领域，但是近年来已在城市发展、产业集群、经济增长等多个社会科学领域有所运用，能够较好地反映出不同经济社会系统间通过相互作用而彼此影响从而联合起来产生增力的现象及其作用机理。只有全面论证各省域、各产业自主创新与外资研发的耦合关系和耦合机制，才能真正解决和指导中国所面临的现实问题。受到耦合理论启发，本书进一步明确研究主旨，并基于耦合理论构建理论逻辑框架。

参考文献

[1] Giorda C., Boemi M., Borzì V., et al. Multinational Corporations and Spillovers [J]. Journal of Economic Surveys, 1998, 12 (3): 247-277.

[2] 杨晓静，刘国亮 . FDI 技术溢出效应：一个文献综述[J]. 产业经济评论，2013 (4): 1-22.

[3] James H. Love, Brian Ashcroft, Stewart Dunlop. Corporate Structure, Ownership and the Likelihood of Innovation [J]. Applied Economics, 1996, 28 (6): 737-746.

[4] Cheung K. Y., Lin P. Spillover Effects of FDI on Innovation in China: Evidence from the Provincial Data [J]. China Economic Review, 2004, 15 (1): 25-44.

[5] Florida R. The Globalization of R&D: Results of a Survey of Foreign-affiliated R&D Laboratories in the USA [J]. Research Policy, 1997, 26 (1): 85-103.

[6] Girma S., Gong Y., Görg H. Foreign Direct Investment, Access to Finance, and Innovation Activity in Chinese Enterprises [J]. World Bank Economic Review, 2008, 22 (2): 367-382.

[7] Sasidharan S., Kathuria V. Foreign Direct Investment and R&D: Substitutes or Complements—A Case of Indian Manufacturing after 1991 Reforms [J]. World Development, 2011, 39 (7): 1226-1239.

[8] 冼国明，薄文广. 外国直接投资对中国企业技术创新作用的影响——基于产业层面的分析[J]. 经济科学，2005，28（3）：16-23.

[9] 宋大勇. 国际直接投资对区域创新能力的提升效应研究——微观机制与实证分析[J]. 软科学，2009，23（6）：62-65.

[10] 李梅，谭力文. 外商直接投资与我国技术创新：基于省际面板数据的实证分析[J]. 国际贸易问题，2009（3）：97-103.

[11] 吴德进. 外商直接投资对我国区域自主创新的影响——以福建省为例[J]. 经济经纬，2008（4）：39-42.

[12] 涂涛涛. 外商直接投资对中国企业创新的外溢效应研究：基于垂直联系的视角[J]. 南方经济，2009（7）：16-25.

[13] 彭建平，李永苍. FDI 存量、R&D 存量与自主创新——基于省际动态面板 GMM 估计的实证研究[J]. 经济经纬，2014，31（1）：79-83.

[14] 叶娇，王佳林. FDI 对本土技术创新的影响研究——基于江苏省面板数据的实证[J]. 国际贸易问题，2014（1）：131-138.

[15] 冼国明，严兵. FDI 对中国创新能力的溢出效应[J]. 世界经济，2005（10）：18-25.

[16] 王红领，李稻葵，冯俊新. FDI 与自主研发：基于行业数据的经验研究[J]. 经济研究，2006（2）：44-56.

[17] 岳书敬. 外商直接投资与创新能力——基于中国高技术产业的实证分析[J]. 科技管理研究，2009，29（8）：412-414.

[18] 盛垒. 外资研发是否促进了我国自主创新？——一个基于中国行业面板数据的研究[J]. 科学学研究，2010，28（10）：1571-1581.

[19] Günther J. The Significance of FDI for Innovation Activities within Domestic Firms：The Case of Central East European Transition Economies [R]. Iwh Discussion Papers，2002.

[20] Fan C. S.，Hu Y. Foreign Direct Investment and Indigenous Technological Efforts：Evidence from China [J]. Economics Letters，2007，96（2）：253-258.

［21］ Zhang J.，Rogers J. D. The Technological Innovation Performance of Chinese Firms：The Role of Industrial and Academic RD，FDI and the Markets in Firm Patenting［J］. International Journal of Technology Management，2009，48（4）：518-543.

［22］ Zhou B. FDI and Domestic Enterprise Innovation in Western China［C］// 2010 International Conference on Regional Management Science and Engineering，2010.

［23］ Stiebale J.，Reize F. The Impact of FDI Through Mergers and Acquisitions on Innovation in Target Firms［J］. International Journal of Industrial Organization，2011，29（2）.

［24］ 蒋殿春．跨国公司对我国企业研发能力的影响：一个模型分析［J］. 南开经济研究，2004（4）：62-66.

［25］ 范承泽，胡一帆，郑红亮．FDI 对国内企业技术创新影响的理论与实证研究［J］. 经济研究，2008（1）：89-102.

［26］ 王鹏，张剑波．外商直接投资、官产学研合作与区域创新产出——基于我国十三省市面板数据的实证研究［J］. 经济学家，2013（1）：58-66.

［27］ Reddy P. New Trends in Globalization of Corporate R&D and Implications for Innovation Capability in Host Countries：A Survey from India［J］. World Development，1997，25（25）：1821-1837.

［28］ Girma S.，Gong Y.，Gorg H. Can You Teach Old Dragons New Tricks? FDI and Innovation Activity in Chinese State-Owned Enterprises［J］. Social Science Electronic Publishing，2006（34）：218-224.

［29］ 董书礼．跨国公司在华设立研发机构与我国产业技术进步［J］. 中国科技论坛，2004（2）：62-66.

［30］ 张海洋．R&D 两面性、外资活动与中国工业生产率增长［J］. 经济研究，2005（5）：107-117.

［31］ 许和连，禄雪焕．外商直接投资对技术创新能力的影响效应——基于我国工业行业数据的实证研究［J］. 财经理论与实践，2008，29（5）：

88-93.

[32] 刘星，赵红．外商直接投资对我国自主创新能力影响的实证研究——基于省级单位的面板数据分析[J]. 管理世界，2009（6）：170-171.

[33] Caves R. E. Multinational Firms, Competition, and Productivity in Host-Country Markets [J]. Economica, 1974, 41（162）：176-193.

[34] 李平．国际技术扩散的路径和方式[J]. 世界经济，2006（9）：85-93.

[35] Dunning J. H. Location and the Multinational Enterprise: A Neglected Factor [J]. Journal of International Business Studies, 1998, 29（1）：45-66.

[36] Lall S. Vertical Inter-firm Linkages in Ldcs: An Empirical Study [J]. Oxford Bulletin of Economics & Statistics, 2010, 42（3）：203-226.

[37] Kinoshita Y. R&D and Technology Spillovers via FDI: Innovation and Absorptive Capacity [R]. Cepr Discussion Papers, 2001.

[38] 张建华，欧阳轶雯．外商直接投资、技术外溢与经济增长——对广东数据的实证分析[J]. 经济学（季刊），2003，2（3）：647-666.

[39] 傅元海，唐未兵，王展祥 . FDI 溢出机制、技术进步路径与经济增长绩效[J]. 经济研究，2010（6）：92-104.

[40] Katz J. M. Production Functions, Foreing Investment and Growth: A Study Based an the Argentine Manufacturing Sector, 1946-1961 / Jorge M. Katz [J]. Journal of the American Statistical Association, 1970, 65（332）.

[41] Kugler A. D. The Incidence of Job Security Regulations on Labor Market Flexibility and Compliance in Colombia: Evidence from the 1990 Reform [J]. Ssrn Electronic Journal, 2000.

[42] Bin Guo, Xiaoling Chen. How does FDI Influence Industry-level Knowledge Production Efficiency in China? [J]. Asian Journal of Technology Innovation, 2011, 19（2）：263-277.

[43] 姚洋，章奇．中国工业企业技术效率分析[J]. 经济研究，2001（10）：13-19.

［44］严兵．外商直接投资与技术进步——基于昆山地区数据的实证分析［J］．世界经济研究，2006（9）：71-76.

［45］姜瑾，朱桂龙．外商直接投资、垂直联系与技术溢出效应——来自中国工业部门的经验证据［J］．南方经济，2007（2）：46-56.

［46］Kohpaiboon A. Foreign Direct Investment and Technology Spillover：A Cross-industry Analysis of Thai Manufacturing［J］. World Development，2006，34（3）：541-556.

［47］Javorcik B. S.，Spatareanu M. To Share or Not to Share：Does Local Participation Matter for Spillovers from Foreign Direct Investment?［J］. Journal of Development Economics，2008，85（1-2）：194-217.

［48］Crespo N.，Proença I.，Fontoura M. P. The Spatial Dimension in FDI Spillovers：Evidence at the Regional Level from Portugal［J］. 2010，12（1）：95-110.

［49］Hoi Quoc Le，Richard Pomfret. Technology Spillovers from Foreign Direct Investment in Vietnam：Horizontal or Vertical Spillovers?［J］. Journal of the Asia Pacific Economy，2011，16（2）：183-201.

［50］Suyanto，Ruhul Salim. Foreign Direct Investment Spillovers and Technical Efficiency in the Indonesian Pharmaceutical Sector：Firm Level Evidence［J］. Applied Economics，2013，45（3）：383-395.

［51］邱斌，杨帅，辛培江．FDI技术溢出渠道与中国制造业生产率增长研究：基于面板数据的分析［J］．中国经济学前沿，2008，31（2）：20-31.

［52］Aitken Brian J. and Ann E. Harrison. Do Domestic Firms Benefit from Direct Foreign Investment? Evidence from Venezuela，American Economic Review，1999，89（3）：605-618.

［53］UNCTAD. World Investment Report 1999：Foreign Direct Investment and the Challenge for Development［R］. New York and Geneva：United Nations. United Nations Publication，Sales，1999.

［54］Kugler. Spillovers from Foreign Direct Investment：Within or Between

Industries? [J]. Journal of Development Economics, Elsevier, 2006, 80 (2): 444-477.

[55] Mansfield E. Comment on Using Linked Patent and R&D Data to Measure Interindustry Technology Flows [C] //Z. Griliches (ed.), R&D, Patents and Productivity, Chicago, IL: University of Chicago Press, 1984: 462-464.

[56] Mohnen. New Technologies and Interindustry Spillovers [J]. STI Review, 1990 (7): 131-147.

[57] Charles I. Jones & John C. Williams. Measuring the Social Return to R&D [J]. The Quarterly Journal of Economics, 1998, 113 (4): 1119-1135.

[58] 范爱军，韩青．跨国公司在华研究与发展（R&D）溢出——基于省际数据的实证分析[J]. 经济经纬，2007 (4): 38-41.

[59] 杜群阳．跨国公司 R&D 资源转移与中国对接[M]. 北京：中国社会科学出版社，2008.

[60] 张宇．FDI 产业集聚与产业技术进步——基于中国制造行业数据的实证检验[J]. 财经研究，2008 (1): 32-41.

[61] 王然，燕波，邓伟根．FDI 对我国工业自主创新能力的影响及机制——基于产业关联的视角[J]. 中国工业经济，2010 (11): 25-30.

[62] 张振刚，胡琪玲．外资研发与本地高技术企业创新能力间的关系——基于技术溢出的视角[J]. 技术经济，2012，31 (8): 26-32.

[63] Kinoshita Yuko. R&D and Technology Spillovers via FDI: Innovation and Absorptive Capacity [R]. William Davidson Institute Working Paper, 2000.

[64] Feinberg S. E., Majumdar S. Technology Spillovers in the Indian Pharmaceutical Industry [J]. Journal of International Business Studies, 2001, 32 (2): 421-437.

[65] 薛澜，沈群红，王书贵．全球化战略下跨国公司在华研发投资布局——基于跨国公司在华独立研发机构行业分布差异的实证分析[J]. 管理世界，2002 (3): 33-42.

[66] 李蕊．跨国公司在华研发投资解析——对其现状、趋势及与中国工

业增长之间关系的实证分析[J]. 财贸经济，2004（12）：81-83.

[67] 吴林海，彭宇文，彭喜阳. 基于三大研发主体、三大研发活动的国内外 R&D 经费配置比较研究[J]. 科学管理研究，2006，25（5）：90-93.

[68] Haskel J. E.，Pereira S. C. and Slaughter M. J. Does Inward Foreign Direct Investment Boost the Productivity of Domestic Firms? The Review of Economics and Statistics，2007，89（3）：482-496.

[69] Haskel J.，et al. Does Inward Foreign Direct Investment Boost the Productivity of Domestic Firms? Review of Economics & Statistics，2007，89（3）：482-496.

[70] Aghion P.，Blundell R.，Griffith R.，Howitt P. and Prantl S. The Effects of Entry on Incumbent Innovation and Productivity [J]. The Review of Economics and Statistics，2009，91（1）：20-32.

[71] 周艳梅. 外商直接投资对我国制造业自主创新投入的影响[J]. 技术经济与管理研究，2011（3）：50-61.

[72] 毕克新，杨朝均，黄平. FDI 对我国制造业绿色工艺创新的影响研究——基于行业面板数据的实证分析[J]. 中国软科学，2011（9）：172-180.

[73] Alistair Dieppe and Jan Mutl. International R&D Spillovers Technology Transfer vs. R&D Synergies [R]. European Central Bank（ECB）Working Paper Series，2013.

[74] 林逸. 跨国公司对华 R&D 投资的技术溢出效应研究[D]. 江苏大学硕士学位论文，2008.

[75] 唐礼智. 外资研发活动溢出效应的实证分析：以福建省为例[J]. 中国经济问题，2009（1）：37-41.

[76] 李武威，曹勇. 外资研发对我国本土企业的相关影响及区域差异——基于省际面板数据与动态模型的实证分析[J]. 科学学与科学技术管理，2012，33（9）：21-27.

[77] Lall S. Vertical Inter-firm Linkages in Ldcs：An Empirical Study [J]. Oxford Bulletin of Economics & Statistics，2010，42（3）：203-226.

[78] Kuemmerle W. Building Effective R&D Capabilities Abroad. [J]. Harvard Business Review, 1997, 75 (2): 61.

[79] Penner-Hahn J. D. Firm and Environmental Influences on the Mode and Sequence of Foreign Research and Development Activities [J]. Strategic Management Journal, 2015, 19 (2): 149-168.

[80] Fosfuri A., Motta M. Multinationals without Advantages [J]. Scandinavian Journal of Economics, 1999, 101 (4): 617-630.

[81] Fang S. C., Lin J. L., Hsiao L. Y. C., et al. The Relationship of Foreign R&D Units in Taiwan and the Taiwanese Knowledge-flow System [J]. Technovation, 2002, 22 (6): 371-383.

[82] Kokko A. Technology, Market Characteristics and Spillovers [J]. Journal of Development Economics, 1994, 43 (2): 279-293.

[83] Orlando M. J. On the Importance of Geographic and Technological Proximity for R&D Spillovers: An Empirical Investigation [J]. Ssrn Electronic Journal, 2000.

[84] Caniëls M. C. J., Verspagen B. Barriers to Knowledge Spillovers and Regional Convergence in an Evolutionary Model [J]. Journal of Evolutionary Economics, 2001, 11 (3): 307-329.

[85] Narula R., Zanfei A. Globalisation of Innovation The Role of Multinational Enterprises [R]. Druid Working Papers, 2003.

[86] Liu H. L., Lin H. Y., Peng S. K. The Spillover Effects of R&D on Manufacturing Industry in Taiwan's Metropolitan Areas [J]. Annals of Regional Science, 2010, 45 (3): 519-546.

[87] Coe D. T., Helpman E., Hoffmaister A. W. International R&D Spillovers and Institutions [C] // National Bureau of Economic Research, Inc, 2008.

[88] 孙宁．外资企业研发溢出、吸收能力与内资企业技术创新[D]．浙江工商大学博士学位论文，2014.

第三章　外资研发与自主创新的系统耦合关系建构

以往的研究对外资研发与自主创新关系的认知和讨论维度往往聚焦于外资研发对自主创新的影响，这当然与中国仍然是发展中国家的现实有关，我们的关注点一直集中在如何吸引外资、利用外资来实现自身的发展，而在多数情况下忽略了中国本身的资源条件、发展水平、科技实力等原本也会对外资研发是否进入以及获取外资研发溢出的能力产生着影响，因此，从全新的理论视角去审视和构建外资研发与自主创新的关系，突出两者之间彼此关联的特征，显得尤为必要，而源自物理学的耦合理论恰恰能够提供一个新的系统性理论框架。

一、耦合分析方法及其适用性

耦合理论起源于物理学，在物理学中，耦合用于描述两个或两个以上系统内部要素或运动方式之间通过各种相互作用而彼此影响以致联合起来的现象。例如在两个单摆之间连接一根弹簧，它们的震动就会此起彼伏，相互影响，这种相互作用被称为单摆的耦合；两个或两个以上的电路元件或电网络等的输入与输出之间紧密配合，且相互影响、相互作用，这种从一侧向另一侧传输能量的现象被称为电路的耦合。后来，耦合理论被应用于软件工程领域，耦合性在软件工程中被描述成块间联系，用来度量软件系统结构中各模块间相互关联的程度，其中模块间耦合程度的高低取决于各模块间接口的复杂程度、调用方式及信息传递接口的选择。若模块间联系越紧密，耦合性越强，意味着模块的独立性越差，则维护成本就越高，因此对象的设计往往使构件之间的耦合性趋于最小化。综合看来，耦合是用来描述各系统间在良性互动下，相互依赖、相互协调、相互促进的动态关联关系（毛广雄，2011）。如果系统或系统要素之间协调发展、相互促进，则为良性耦合；若系统或系统要素之间相互排斥、抑制发展，则为恶性耦合。耦合度是描述各系统或要素之间彼此相互作用影响的程度。该理论可用于判断各系统间的耦合作用强度及所作用的时序区间，进而预警整个系统的发展秩序。

系统耦合的过程就如同化学反应，正逆向过程同时并存，如若加以催化，反应速度将会大大加快，实现系统生产效率的最大化，耦合最理想的阶段则是高水平的耦合发展阶段，在该阶段，各子系统间实现良性共振，快速逐步趋向新的有序结构，实现整体系统高效率地运行（康鹏，2014）。关于耦合效应的分析，美国阿肯色大学的 J. E. Delery 将耦合效应分为四类：①加总效应。在该效应中，要素间的关系相对独立，耦合效应是各项单独结果的总和，即“1+1=2”。②替代效应。不同手段的结果完全相同，如果已经采取了其中一种，那么就不需要再采取另外的手段，不但不能增加或改善效应，还会产生不必要的财力物力的浪费，即“1+1=1”的关系。③正协同效应。综合运用各种方法产生的结果超过各自的加总，即“1+1=3”的关系。④负协同效应。综合运用多种措施还不如只用其中之一，即“1+1=0”的关系（J. E. Delery，1999）。

研究初期，耦合理论主要应用于物理学、电力技术、地质学等自然科学领域中，随着研究的进一步深入，开始逐步被应用于城市发展、产业集群、生态环境、经济管理等社会科学领域，并取得一系列研究成果。目前耦合理论在经济与管理学科领域已得到广泛应用，主要集中在以下领域：

（一）耦合理论在生态环境与区域发展研究领域的应用

生态环境与区域经济发展之间客观上存在极其复杂的交互耦合关系，如何协调生态环境及区域经济的发展逐渐成为世界经济社会发展的核心议题，也引发了国内外学者的研究热潮。宾达（Dinda S.，2004）和吉尔（Jill L.，2009）等通过运用 EKC 计量模型，对不同地区城市化与生态环境的耦合状态进行判别，并进行了定性分析。黄金川、方创琳（2003）采用代数学和几何学等放大对城市化对数曲线及环境库兹涅茨（KUZNETS）曲线进行逻辑复合，推导出城市化与生态环境交互耦合的数理函数及几何曲线，从而揭示了区域生态环境随着城市化的发展指数先衰退、后改善的耦合规律。刘耀彬、李仁东、宋学锋（2005）通过定性和定量分析相结合的方法构建耦合系统的评价指标体系，并运用灰色关联分析法建立区域城市化与生态环境交互作用的耦合度模型和关联度模型，对中国省区城市化与生态环境系统耦合的主要因素进行定量分析，并从时空角度解释区域耦合度的空间分布及演变规律，结果发现：中国城市化与生态环境的耦合度从时序上来看呈现明显的波动性和阶段性，但目前大部分省区处于拮抗阶段；通过关联度计算遴选出的16项作用于生态环境的城市化指标和10项影响城市化的生态环境指标能较全面地反映出两系统交互耦合的机理。王少剑等（2015）首先构建生态环境和城市化系统的综合评价指标体系，接着引用物理学中耦合模型，构建生态环境与城市化的动态耦合协调度模型，最后对京津冀地区1980~2011年生态环境与城市化的耦合过程及演进趋势进行了定量分析，结果表明京津冀地区的城市化与生态环境耦合协调度自1980年以来呈现出“S”形曲线变化，协调发展类型从严重不协调到城市化发展受阻到高级协调再到生态环境滞后型，其中生态压力和人口城市化分别对生态环境子系统和城市化子系统的贡献份额最大，且明显高于其他因素。

（二）耦合理论在产业链及产业集群研究领域的应用

产业是国民经济发展的基础，是一国产业政策实施的落脚点与承载体，如何实现产业间及产业与城市、人口、资源的协调发展具有十分重要的意义。熊勇清、李世才（2010）在分析中国传统产业和战略性新兴产业耦合机制的基础上，构建了传统产业与战略性新兴产业的耦合评价指标体系、耦合关联模型及持续发展模型，对橡胶制造业和环保产业进行了实证研究，结果表明，橡胶制造业与环保产业处于中度耦合、轻度衰退发展状态。梅良勇、刘勇（2011）提出了基于产业耦合的有效承接模式及产业链与产业集群的耦合是实现产业耦合的有效机制。王琦（2008）对区域产业转移与承接地区产业集群耦合的内容、模式与路径进行了深入分析，并从国际产业转移的一般规律及中国区域产业转移集群化的发展趋势出发，分析了产业集群系统和区域产业转移系统的复杂性，从集聚和创新等角度阐释了区域产业转移—承接地产业集群系统耦合的内容，指出产业集群化转移是承接地产业集群的重要实现途径，而承接地产业集群是产业集群化转移的持续动力，因而两者耦合的模式即是产业集群化转移，其耦合路径则是寻求竞争优势和比较优势目标的内在统一。朱江丽、李子联（2015）通过构建城市产业—人口—空间发展的指标体系，运用耦合协调函数，对长三角城市群产业—人口—空间整体发展水平以及耦合协调发展的时序特征及空间特征进行了分析，结果发现长三角区域以上海为轴心，以南京、杭州为两翼的高水平协调发展城市中普遍存在产业与空间协调发展滞后的特征。

（三）耦合理论在技术创新与管理研究领域的应用

目前耦合理论在技术创新领域的应用主要集中于技术创新与金融创新、知识管理、企业合作、产业转移等研究方面。康纳等（Conner et al.，1996）运用耦合理论研究了企业间合作创新的问题。张首魁、党兴华（2009）从技术创新网络组织治理目标出发，提出了基于耦合关系的技术创新网络组织治理逻辑。宾茨等（Binz Truffer et al.，2012）构建了基于国家创新系统与国际技术创新系统耦合的理论框架。邱国栋、马巧慧（2013）基于系统思考的思维模式，采用扎根理论定性研究及耦合度模型定量研究相结合的方法，以韩国现代与中国吉利为实证样本，挖掘了企业成长的动力源泉，研究表明，企业创新体系中的制度创新及技术创新通过经济、技术、关系维度的双向嵌入，从而产生两者间黏合、协同并继续发酵溢出的系列耦合效应，从而使企业竞争力得到提升，促使企业强劲增长。刘微微、孙茹（2014）以中国高端装备制造业企业为研究对象，对高端装备制造业企业的知识创新与技术创新测评要素进行了探析，建立了两系统间耦合测度模型，最后通过算例研究证明了企业知识创新及技术创新耦合测度模型应用的有效性和可行性。

通过以上分析可以看出，耦合理论已经在社会科学尤其经济学领域得到广泛的应用。耦合涉及的是系统间或系统要素之间的相互作用、相互渗透、相互促进和相互制约的关系，系统耦合所涉及的耦合机理、耦合特征、耦合水平、耦合效率及耦合度则充分体现了各系统间或系统要素之间的共生、互动、协同、发展关系。从不同的角度对经济学系统间或系统要素之间的耦合关系进行理论研究与探索，并运用耦合度来测度经济学中各系统及系统要素间的协调发展关系，不仅形象鲜明地表示出了经济学系统间或系统要素之间的动态关联关系，也为系统间或系统要素之间的动态关系提供了科学化、定量化的测度方式。本书从耦合角度出发，将外资研发与自主创新分别视为产业研发系统中两个既相互独立、彼此影响又协同发展的子系统，耦合则表示两个系统间的动态关联效应。由于耦合度只能说明系统间相互作用程度的强弱，无法反映整个系统协调发展水平的高低，因此本书同时引入耦合协调理论对两个系统的耦合协调程度进行评价，用于反映中国工业的外资研发与自主创新两个系统交互耦合的整体协调发展水平。

二、外资研发系统与自主创新系统的构成

之所以将外资研发系统与自主创新系统区分对待，是因为外资研发活动与自主创新活动存在诸多差异。跨国公司在中国开展的研发活动，在早期主要出于支撑海外生产、获取研发资源、抢占本土市场的目的，之后越来越多的跨国公司认识到中国国际战略地位的提升，从考虑全局战略布局的需要建设在华研发机构，谋划并推动全球研发网络的形成。从本质上说，跨国公司在华研发活动仍是以利润最大化为根本动机，而不是为了贡献于中国国家创新系统建设，更不是为了提升中国企业的技术实力和创新能力，因此，在对待外资研发活动的态度上我们既要大力引进、积极吸收，又要顾及技术依赖和科技安全的潜在风险。而自主创新则特指中国企业依靠自身的研发创新资源而实现技术升级和技术进步的过程，目的在于通过新技术、新产品的研发，拥有自主知识产权，提高产品的技术价值和品牌价值，真正成为技术创新的主体，虽然从企业的角度看同样有着逐利性的动机，但也符合中国创新驱动发展的国家战略，与国家科技竞争力的提升目标一致，也是中国转变经济发展方式的必经之路和关键环节。

在本书中，外资研发活动与自主创新活动的相同之处在于，同样是由企业作为创新主体，均属区域创新系统中技术创新子系统的范畴，但由于外资

研发活动与自主创新活动目的与动机不同，我们不能将以外资企业为主体的外资研发活动和以内资企业为主体的自主创新活动等同对待，而应将之视为既存在关联性又存在差异性的两个系统，这两个系统均属于区域/产业技术创新系统的组成部分，如图 3-1 所示。在这个意义上，某一个特定区域的技术创新系统中，包含着外资研发子系统和自主创新子系统；某一个特定产业的技术创新系统中，也同样包含着外资研发子系统和自主创新子系统。

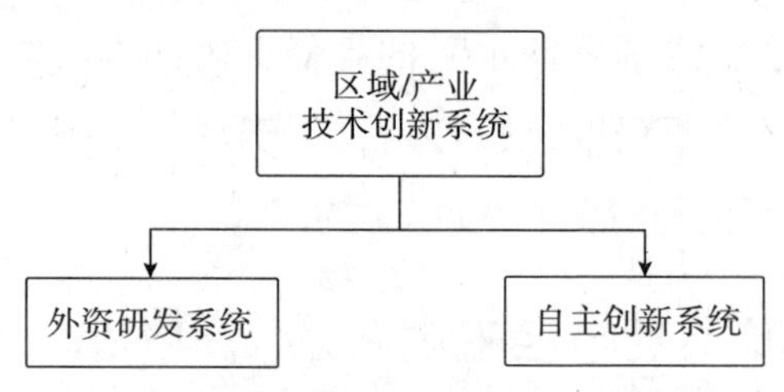

图 3-1　区域/产业技术创新系统构成

（一）外资研发系统

外资研发是外资研发主体在东道国的研发环境下，充分利用研发资源而进行产业研发活动的总称，特指以外资研发机构为主体在中国以独资、合资、合作等的形式开展的自然科学及其相关科技领域的研究开发和实验发展等活动。除了强调主体的外资属性，外资企业的研发活动与一般企业的研发活动有相同的特征，对其研发活动的考量同样由研发投入、研发产出、研发绩效几个维度构成。其中，研发投入直接反映了研发主体对研发活动的投入意愿及力度，且研发投入直接决定了研发产出，研发产出则直接反映出了外资研发主体的研发实力与效率。研发投入作为创新要素子系统的代表性指标，主要指投入研发创新活动的创新人力和创新资本；研发产出作为创新成果子系统的代表性指标，主要指专利数量和新产品销售收入；研发绩效作为创新要素投入与创新成果产出的效率衡量，在此主要强调一些比例关系，具体到区域层面和产业层面存在着一定的差异性，从区域角度，外资研发绩效以外资研发介入程度来表现，目的在于考察特定省域内外资研发活动占全部研发创新活动的比例，以此说明外资研发在省域层面的地位与绩效；从产业角度，外资研发绩效同样反映外资研发介入水平及外资研发活动在全行业的市场地位。

（二）自主创新系统

国家的自主创新战略是从宏观战略角度表明国家产业技术不再依赖于外部技术引进，而转向依靠本国自身力量独立开发新技术，进行技术创新活动。然而，在国家创新系统中，只有企业才真正是技术创新子系统的主体。企业自主创新是指企业通过自身的努力和探索产生技术突破，攻克技术难关，并在此基础上依靠自身的能力推动创新的后续换届，完成技术的商品化，获得商业利润，达到预期目标的创新活动。本书所指的自主创新活动则尤为强调以内资企业为创新主体的研发活动，是内资企业为实现技术进步、争夺市场份额，基于本国创新资源与环境而进行的自主创新活动的总称。内资企业的自主创新系统也是由三个维度构成，其中，投入和产出仍然是评价区域自主创新能力的主要依据，创新投入指标和创新产出指标与外资研发系统类似，但在分别衡量区域自主创新系统和产业自主创新系统的过程中，为了各自突出区域和产业的不同特征，在第三个维度上有所差异。

从区域角度考察自主创新系统，关键在于创新投入、过程、产出及其相关影响因素在区域特定条件下的集合，因此，区域自主创新系统主要由区域创新投入、区域创新产出以及影响投入产出转化效率的创新环境因素等构成，具体包括创新投入能力、创新产出能力和创新环境支撑能力三个方面，凸显出区域创新环境对区域自主创新的支持作用。从产业角度考察自主创新系统，则着重于主体是内资企业，而非外资企业，与外资研发系统的衡量维度基本相同，同样设定内资创新主体的研发创新投入、研发创新产出及研发创新绩效三个维度进行考察，不同之处在于研发创新绩效反映的是内资企业研发创新活动在全行业创新活动中的比重关系和地位作用。

三、外资研发与自主创新的系统耦合机理

外资研发和自主创新同属区域/产业技术创新系统的子系统，两者之间虽

然有所不同，但共同支撑着区域/产业技术创新系统的运行。不管在区域层面还是产业层面，外资研发系统和自主创新系统同样代表着外资主体和内资主体的研发创新活动和过程，在这一点上没有区别。可以说，在区域/产业技术创新系统的内部，外资研发系统与自主创新系统是彼此独立却交互作用的两个系统，具有较为显著的耦合特征，具体体现在以下三个方面：

（一）外资研发对自主创新的影响机理

外资研发对自主创新的影响可以从两个渠道分析，其一是技术引领或技术压制，其二是管理示范和经验学习，因此，外资研发对于自主创新发展的影响涵盖了技术渠道和非技术渠道两个方面，可以概括为外资研发通过技术或非技术渠道促进或抑制自主创新。

1. 外资研发通过技术渠道对自主创新产生的影响

外资研发通过技术渠道对自主创新产生的影响途径主要包括两类，即外资研发的技术转移效应和技术外溢效应。

技术转移又可以通过内部化和外部化这两种不同的方式来实现。其中，内部化形式指的是通过在东道国进行直接投资，经设立独资企业或者合资企业实现技术在内部的转移，由外商所带来的新技术可以更加有效地利用本土的社会资源，从而推动东道国企业的技术创新能力。外部化形式主要有技术援助、分包等，可以推动东道国在引进、吸收外国先进技术的基础上有效实现技术的二次创新，进而缩短东道国自主创新活动的周期，降低自主创新所存在的风险。

技术外溢对自主创新的影响主要可以通过以下三种效应来实现：一是跨国公司的示范以及东道国企业的模仿效应，指的是一方面外资企业的进入，会向东道国的本土企业展示其先进的工艺、产品，因而对本土的企业产生示范效应；另一方面东道国企业通过对跨国公司先进的科学技术进行学习、模仿，进而增强了自身的科技研发水平。二是人员流动效应，主要指的是东道国企业的员工通过在跨国公司接受培训以及与跨国公司相关人才进行密切的交流，从而获取了更加先进的技术知识，这类技术知识会随着人才的流动而转移，因此实现了技术知识的外溢效应，这可以提升东道国人力资本的质量，为东道国企业开展自主创新活动提供更为优质的人力资源保障。三是联系效应，主要指的是产业间的溢出效应，具体包括前向联系和后向联系，其中，前向联系指的是国内的本土企业通过购买跨国公司的先进产品，从而提高自身的制造技术水平和产品质量，而后向联系指的是跨国公司在购买当地企业的原材料时，为保证所购买的原材料的质量，跨国公司通常会对这些本土的供应商提供技术、信息等各方面的支持，利用自身经验优势加强对相关企业在组织管理上的指导与培训，从而实现本土企业技术水平的进一步提升。

此外，外资研发通过技术渠道对自主创新产生的影响也可能表现出挤出效应。其作用机理在于：外资企业凭借在技术、人力资源、规模经济、产品开发更新能力等方面的优势，抢占了市场份额，对内资部门形成冲击，从而形成了严重的技术依赖，使得国内自主研发和创新能力的提高进展缓慢。

2. 外资研发通过非技术渠道对自主创新产生的影响

外资研发在通过技术渠道影响一国自主创新能力的同时，也能够通过一些非技术的渠道对自主创新能力施加直接或间接的作用，主要包括：

一是政策、法律法规不断趋于完善。一方面，大量的外资企业不断涌入无疑会推动我国相关法律、法规体系实现优化与完善，特别是知识产权方面，无论是其法律内容的不断健全还是执法力度的进一步加强，对于全社会树立知识产权保护意识都有十分显著的促进作用，这将大大提升国内企业开展自主创新活动的积极性，为自主创新的发展创造了良好的法律环境。另一方面，随着知识产权等相关法律的逐步完善，有可能会导致外资企业更加全面地实施技术垄断，从而不利于本土企业开展自主创新活动。

二是国内企业管理水平及理念的提升。创新活动的推进与发展离不开完善的企业管理制度以及支持创新研发的管理理念，一方面，伴随着外资企业的不断涌入，外资企业先进的管理水平和管理理念同样不断进入国内，通过模仿和示范效应，国内企业会逐步意识到开展自主创新活动的重要意义，从而促使企业不断完善、改进管理制度，推动自身管理水平实现提升，并通过改善管理理念，最大程度地鼓励、促进自主创新的开展。另一方面，外资企业可能通过利用其先进的管理水平，对其先进技术加以有效保护，降低先进技术的外溢作用，进而抑制了外资研发对于自主创新发展的影响。

三是国内企业自主创新动力及意识的加强。随着外资企业的不断涌入，市场竞争势必日趋激烈，特别是凭借先进的技术和管理经验，外资企业的出现将打破市场原本的垄断格局，对本土企业施加压力，通过增强本土企业的危机感，从而刺激本土企业更加有效地利用现有资源加快自主创新能力的发展。此外，外资企业的涌入，会加速淘汰市场上缺乏一定竞争力的本土企业，同时迫使具备一定科技创新基础的企业进一步优化管理、深化改革，不断提升自主创新能力以求生存。

（二）自主创新对外资研发的影响机理

自主创新对于外资研发发展的影响可以概括为：自主创新能力的强弱促进或抑制外资研发进一步的集聚。

在知识经济时代，知识和技术是进一步提升企业盈利能力、促进地区经济实现增长的重要因素。因此，在其他条件较为接近的情况下，具备更加丰富的知识存量以及技术积累的区域，无疑将对外资企业产生更大的吸引力，而衡量区域知识存量和技术积累水平的最核心评价指标就是区域的自主创新能力。佛罗里达（Florida，1997）和布兰施泰特（Branstetter，2006）等研究均表明了提升区域自主创新能力对于吸引更多的外资企业集聚具有明显的促进作用，同样地，在区位的选择上，跨国公司通常也更加倾向于在具备较好的相关行业专业技术基础的国家或地区设立研发机构，开展研发活动。

其中的内在机理主要包括以下三点：第一，自主创新能力的提升将有助于本地的资本和劳动更好地实现与外资企业之间的匹配、衔接，从而进一步提升外资企业的运营效率，有利于外资企业更好地发展；第二，自主创新能力的提升反映出本地具备了更为活跃、开放的创新环境与氛围，这将大大促进外资企业与本地文化、相关制度的融合关系，从而改善外资企业的经营环境；第三，对于进入自主创新能力较强地区的外资企业，能够进一步获得研发活动所带来的人力资本提升和知识存量提高的收益，从而将有助于外资企业在该地区形成更加稳定的获利预期，更大程度地调动其开展研发活动的积极性。

（三）外资研发与自主创新的耦合关系

从长期来看，跨国公司研发投资对东道国自主创新具有促进作用。发展中东道国当然愿意吸引跨国公司到本国进行研发创新活动，通过跨国公司研发投资带来的市场竞争效应、人员流动效应、管理示范效应以及与跨国公司的研发合作联系提高本地企业的技术效率，推动本国技术发展进程。同时，自主创新是企业的核心竞争力，也是国家竞争力的核心及衡量一国经济实力的重要标准。在跨国公司海外研发区位的选择上，近年来表现出在具备较好的相关行业专业技术基础的国家或地区设立研发机构、开展研发活动的趋势，跨国公司的海外研发投资正在越来越倾向于布局世界知识中心，作为企业创新全球战略的一部分（OECD，2008b），因此，提升区域自主创新能力有利于吸引更多的外资研发活动集聚。这就意味着，在自主创新能力较弱的时期，可以通过吸引外资研发活动的方式来获取国外领先技术的溢出，并在此基础上不断培育和提升自主创新能力，在自主创新能力提高到一定水平之后，就更有利于进一步吸引外资研发活动，且有条件去选择和甄别那些对本地自主创新具有正向作用的行业和技术领域，以进一步放大外资研发对自主创新的促进效应。

我们认为，外资研发和自主创新的发展水平并不能片面追求越高越好，而要具体到某一特定省域或某一特定产业来具体考虑。在外资研发系统与自主创新系统两者存在明显的耦合互动关系的前提下，外资研发与自主创新的发展水平取决于两个系统各要素相互作用、彼此影响的结果，只有各要素之间相互协调一致，发挥出“协同”效应，彼此的发展才会呈现出相互促进态势；相反，如果各要素之间彼此不协调甚至相互冲突，也势必会对各自的发展形成阻碍。因此，实现外资研发与自主创新的耦合协调发展，就是促使外资研发与自主创新在发展阶段、发展目标和发展支撑等方面实现有机的配合，形成良性的互动，最大程度地发挥“协同”效应，进而实现两者相互促进、共同快速发展的过程。

（四）外资研发与自主创新的系统耦合效应

内外资创新主体通过各种技术或非技术性的渠道进行相互作用，而如何实现市场、技术、人才、资源全要素的最优配置，则是内外资创新主体共同博弈的过程，耦合关联效应如图 3-2 所示，实现外资研发与自主创新系统的关联主要通过以下几个耦合通道。

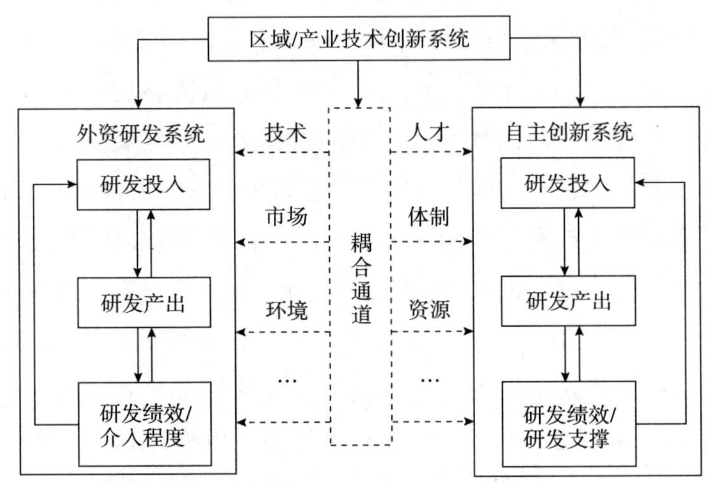

图 3-2　外资研发与自主创新系统的耦合关联效应图

1. 技术溢出与合作效应

产业外资研发与自主创新系统之间的耦合效应首先表现为以技术为载体的溢出与合作效应。外资研发的进入给东道国的创新带来的一个重要资源就是先进的技术，先进技术的溢出无疑会使内资研发机构的研发实力实现跨越式进步；并且外资研发企业进入后，往往利用东道国研发资源寻求与当地研发机构技术合作与共同研发的机会，这在加速技术溢出的同时又为当地研发机构学习先进技术提供便利途径。因而通过技术的溢出与合作，内外资研发机构发挥各自的优势实现了互利共赢。

2. 人才争夺与流动效应

外资研发机构的进入必然要和当地的研发机构争夺人才资源，为了吸引人才，内外资研发机构会积极提高研发效率、改善研发环境，因而人才争夺促进了整体研发实力的提升；但人才争夺在一定程度上也会导致人才的流失、研发环境与条件的恶化。人才是高流动性的，而这种流动性正是内外资企业进行创新耦合的重要通道。外资企业相对优厚的待遇、良好的创新环境会吸引大量海外人才的回流，人才的流动又引起外资企业先进管理经验、生产组织方式等的扩散，促进内资企业研发环境的优化，因此长期来看，人才争夺及其流动效应对提高东道国自主创新能力有巨大的促进作用。

3. 市场争夺与关联效应

外资企业的根本目的是抢占本地市场，所以技术的竞争最终将带来产品市场上的竞争。市场被外资企业瓜分后，内资企业的经营环境恶化与利润下降，最终导致内资企业研发投入不足，这种现象的持续会导致本土技术的边缘化和对外资技术的依赖性，这对内资企业研发活动可以说是致命的打击；另外，由于内资企业的本地优势，外资企业占领市场的过程中会和内资企业选择性合作，从而形成产业上和技术上的关联，使得内资企业为了和外资企业实现顺利对接，并进行合作生产和协作开发，此时内资企业也将大力提高自己的生产标准和技术水平。因此，内外资企业的市场争夺和导致的产业和技术关联最终的结果一般是，外资企业占领了一定的市场份额，内资企业取得了一定的技术进步，即是一个内外资创新主体之间市场换技术的动态博弈的结果。

4. 环境（绩效）示范与模仿效应

一般来讲，外资研发机构的要素组合、环境构建和组织运作效率都在一定程度上优于内资研发企业。所以，当外资研发企业进入东道国并成为当地产业研发系统的一个重要组成部分后，其环境效应会通过系统内的耦合通道进行传播，对内资研发企业环境的优化起到示范效应。内资企业也会积极模仿外资企业进行研发环境和组织架构的优化，提高自身的研发实力。内资企业的模仿一般会提高外资企业产权技术的保护意识，这在一定程度上会促进当地整个研发环境的改善，法律制度的健全，反之，由于产权保护的更有效性，自主创新的积极性得到激发，这无疑对内外资创新主体及当地整体创新能力的提升都有较大的帮助。

参考文献

[1] 毛广雄．区域产业转移与承接地产业集群的耦合关系[D]. 华东师范大学博士学位论文，2011.

[2] 康鹏．辽宁省大学——产业合作创新的耦合性研究[D]. 辽宁大学博士学位论文，2014.

[3] J. E. Delery. Issues of Fit in Strategic Human Resource Management：Implications for Research [J]. Human Resource Management Review，1999，8 (3)：289-309.

[4] Dinda. Environmental Kuznets Curve Hypothesis：A Survey [J]. Ecological Economics，2004，49 (4)：431-455.

[5] Caviglia-Harris，Chambers and Kahn. Taking the "U" out of Kuznets：A Comprehensive Analysis of the EKC and Environmental Degradation [J]. Ecological Economics，2009，68 (4)：1149-1159.

[6] 黄金川，方创琳．城市化与生态环境交互耦合机制与规律性分析[J]. 地理研究，2003 (2)：211-220.

[7] 刘耀彬，李仁东，宋学锋．中国区域城市化与生态环境耦合的关联分析 [J]. 地理学报，2005，60 (2)：237-247.

[8] 王少剑，方创琳，王洋．京津冀地区城市化与生态环境交互耦合关系定量测度[J]. 生态学报，2015 (7)：2244-2254.

[9] 熊勇清，李世才．战略性新兴产业与传统产业耦合发展研究[J]. 财经问题研究，2010 (10)：38-44.

[10] 梅良勇，刘勇．产业集群与产业链耦合的产业承接及其金融支持——以武汉为例[J]. 金融理论与实践，2011 (5)：3-7.

[11] 王琦．产业集群与区域经济空间耦合机理研究[D]. 东北师范大学博士学位论文，2008.

[12] 朱江丽，李子联．长三角城市群产业—人口—空间耦合协调发展研究[J]. 中国人口·资源与环境，2015，25 (2)：75-82.

［13］ Conner and Prahalad. A Resource-based Theory of the Firm：Knowledge Versus Opportunism［J］. Organization Science，1996，7（5）：477-501.

［14］ 张首魁，党兴华．耦合关系下的技术创新网络组织治理研究［J］. 科学学与科学技术管理，2009，30（9）：58-62.

［15］ Binz，et al. Conceptualizing Leapfrogging with Spatially Coupled Innovation Systems：The Case of Onsite Wastewater Treatment in China［J］. Technological Forecasting & Social Change，2012，79（1）：155-171.

［16］ 邱国栋，马巧慧．企业制度创新与技术创新的内生耦合——以韩国现代与中国吉利为样本的跨案例研究［J］. 中国软科学，2013（12）：94-113.

［17］ 刘微微，孙茹．高端装备制造业企业知识创新与技术创新耦合度测度研究［J］. 科学学与科学技术管理，2014（7）：16-22.

［18］ 傅家骥．技术创新学［M］. 北京：清华大学出版社，2001.

［19］ Florida. New Trends in Globalization of Corporate R&D and Implications for Innovation Capability in Host Countries：A Survey from India［J］. World Development，1997（25）：1821-1837.

［20］ Branstetter. International R&D Spillovers and Institutions［R］. International Monetary Fund Working Paper，2006.

［21］ OECD. The Internationalisation of Business R&D：Evidence，Impacts and Implications［R］. OECD，Paris，2008b.

第四章　基于省域的外资研发与自主创新耦合协调发展研究[①]

外资在中国研发活动的分布在区位上更偏好于科技条件优越、科研资源密集、基础设施完善的省市。在中国，外资研发活动极不均衡，高度集中在以上海、深圳、北京为中心的长三角、珠三角和京津冀地区，而西部地区仅有西安、成都这一类高校密集的城市有一定分布，并且各省市的自身经济发展水平、资源禀赋条件等也存在较大差异。因此，本章以中国省域为研究单元，对除西藏、港澳台以外的除西藏、港澳台以外的中国 30 个省域的外资研发与自主创新进行耦合实证分析，从时间和空间两个维度展开对中国省域外资研发溢出效应的研究，从而为不同地方政府部门因地制宜地调整和制定本地的外资研发政策提供指导依据。

一、指标体系、样本与数据

由于外资研发与自主创新两个系统之间存在着多层面、多维度的耦合与互动关系，为了全面揭示它们之间的耦合协调程度，本书遵循指标选取的综合性、代表性、层次性和可行性原则，在参考《中国区域创新能力报告》创新能力指标体系的基础上，建立了关于外资研发与自主创新两个子系统的指标体系，每个子系统下各设立 3 个一级指标以及 20 个二级指标，形成了如表 4-1 所示的区域角度的外资研发与自主创新耦合协调的评价指标体系。

---

① 本章内容参见：祝影，曹盛．中国省域外资研发与自主创新的耦合协调发展研究［J］．经济地理，2015（10）：29-35，49.

表 4-1　外资研发与自主创新耦合系统指标体系

目标层	准则层	一级指标	二级指标
外资研发与自主创新耦合度	外资研发水平	外资研发投入水平	外资企业 R&D 经费投入
			外资企业 R&D 经费投入占销售收入比重
			外资企业 R&D 经费投入增长率
			外资企业 R&D 人员全时当量
			外资企业 R&D 人员全时当量占从业人员比重
			外资企业 R&D 人员全时当量增长率
		外资研发产出水平	外资企业新产品销售收入
			外资企业新产品销售收入占销售收入比重
			外资企业新产品销售收入增长率
			外资企业发明创造专利申请量
			外资企业发明创造专利申请量增长率
			外资企业每亿元 R&D 经费投入产生的新产品销售收入
			外资企业每亿元 R&D 经费投入产生的发明专利申请量
		外资研发介入水平	外资企业 R&D 经费占总 R&D 经费比重
			外资企业 R&D 人员全时当量占总 R&D 人员比重
			外资企业新产品销售收入占全行业比重
			外资企业发明创造专利申请量比重
			有科技机构、活动的外资企业数占总企业数比重
			外资企业科技项目数占总项目数的比重
			外资企业工业总产值占总产值比重
	自主创新水平	自主创新投入水平	内资企业 R&D 经费投入
			内资企业 R&D 经费投入占销售收入比重
			内资企业 R&D 经费投入增长率
			内资企业 R&D 人员全时当量
			内资企业 R&D 人员全时当量占从业人员比重
			内资企业 R&D 人员全时当量增长率
		自主创新产出水平	内资企业新产品销售收入
			内资企业新产品销售收入占销售收入比重
			内资企业新产品销售收入增长率
			内资企业发明创造专利申请量
			内资企业发明创造专利申请量增长率
			内资企业每亿元 R&D 经费投入产生的新产品销售收入
			内资企业每亿元 R&D 经费投入产生的发明专利申请量

续表

目标层	准则层	一级指标	二级指标
外资研发与自主创新耦合度	自主创新水平	自主创新支撑水平	高等院校及科研机构数量
			有科技机构、活动的内资企业数
			政府科技、教育投资支出额
			市场化指数
			信息化水平指数
			技术市场成交合同金额
			专利保护指数

（一）外资研发水平衡量指标

外资研发水平的评价指标主要集中于外资企业研发投入和研发产出两个方面，此外，外资研发的介入程度也是衡量区域外资研发与自主创新发展现状、关系的重要指标。因此，外资研发指标系统主要应由外资研发投入水平、外资研发产出水平以及外资研发介入水平三个方面构成。

1. 外资研发投入水平

人力、资本作为两大投入基本要素，是评价研发投入水平的主要依据。因此，在衡量外资研发投入时，分别选择外资企业 R&D 经费投入、外资企业 R&D 人员全时当量反映投入的资本与人力情况。R&D 经费是指企业在产品、技术、材料、工艺、标准的研究和开发过程中产生的各种费用，包括研发活动消耗的材料费用，研发人员的劳务费用以及研发活动的仪器、设备购置、维修费用等，除 R&D 经费外，统计上还有科技活动经费内部支出这一指标可以用来衡量研发活动资金投入水平，但考虑到其包含的范围较为广泛，针对性不如 R&D 经费强，在参考大量相关文献后，本书认为选择 R&D 经费作为评价外资研发资金投入水平的指标更为可靠。此外，为了更加全面地评价研发投入水平，在参考《中国区域创新能力报告》相关指标体系的基础上，本书还选取外资企业 R&D 经费投入占销售收入比重和外资企业 R&D 人员全时当量占从业人员比重两个比重指标用于衡量投资主体的研发投入强度，选取外资企业 R&D 经费投入增长率和外资企业 R&D 人员全时当量增长率两个增长率指标用于衡量投资主体的研发投入发展趋势。

2. 外资研发产出水平

衡量外资研发产出水平的指标主要包括外资企业新产品销售收入和发明创造专利申请量，除这两个常用指标外，本书还选取了外资企业每亿元 R&D 经费投入产生的新产品销售收入和发明专利申请量两个指标，对外资研发投入产出效率水平进行评价，同时，参照研发投入水平的指标体系，选取外资企业新产品销售收入占销售收入比重、外资企业新产品销售收入增长率和外资企业发明创造专利申请量增长率作为衡量研发产出的指标。本书没有采用专利授权量这一指标，主要是由于我国的发明专利审批时限为 2~3 年，授权量与申请量之间存在一个滞后期，在评价当期研发产出时存在一定误差，因而本书舍弃了专利授权量这一指标。此外，虽然论文数、科技论文数等相关指标也能在一定程度上衡量研发、创新活动的产出水平，但其针对的研发主体主要为高等院校、科研院所而并非企业，故本书也没有采用这些指标。

3. 外资研发介入水平

对于外资研发介入水平的衡量主要由外资研发投入、研发产出及研发活动三个方面的介入水平构成，均为比重指标，具体包括外资企业 R&D 经费占总 R&D 经费比重、外资企业 R&D 人员全时当量占总 R&D 人员比重、外资企业新产品销售收入占全行业比重、外资企业发明创造专利申请量比重、有科技机构和活动的外资企业数占总企业数比重、外资企业科技项目数占总项目数的比重以及外资企业工业总产值占总产值比重。

（二）自主创新水平衡量指标

从自主创新过程的分析来看，自主创新能力是创新投入、过程、产出及其相关影响因素在区域特定条件下的集合。投入和产出仍然是评价区域自主创新能力的主要依据，但是自主创新能力不仅是一个状态概念，也是一种潜力，更是一个过程化概念，相关因素的整合无疑是提升区域自主创新能力的重要条件。因此我们认为，区域自主创新能力主要应由区域创新的投入、产出以及影响投入产出转化效率的相关因素等构成，具体包括创新投入能力、创新产出能力和创新环境支撑力三个方面。在参考《中国区域创新能力报告》创新能力指标体系的基础上，以客观性、多角度性、有效性、可行性为原则，最终从为数众多的指标体系中提炼出一套能够较准确地反映区域自主创新能力的指标体系。

1. 自主创新投入与产出水平

考虑到内资企业是自主创新投入和产出最为重要的主体，在评价区域自主创新投入和产出水平时，本书将内资企业层面的研发活动投入以及相关产出作为衡量依据。参考外资企业研发投入与产出的评价指标体系，在自主创新投入水平方面，选择内资企业 R&D 经费投入、内资企业 R&D 人员全时当量、内资企业 R&D 经费投入占销售收入比重、内资企业 R&D 人员全时当量占从业人员比重、内资企业 R&D 经费投入增长率以及内资企业 R&D 人员全时当量增长率作为衡量指标；在自主创新产出水平方面，选择内资企业新产品销售收入、内资企业新产品销售收入占销售收入比重、内资企业发明创造专利申请量、内资企业发明创造专利申请量增长率、内资企业每亿元 R&D 经费投入产生的新产品销售收入以及内资企业每亿元 R&D 经费投入产生的发明专利申请量作为衡量指标。

2. 自主创新支撑水平

本书主要从自主创新的载体支撑能力、环境支撑能力两个方面构建自主创新支撑水平的指标体系。创新载体是将人力、资金、物质等创新资源合理搭配，最终实现要素向成果和品牌转化活动的承载物，其衡量指标主要包括高等院校及科研机构数量和有科技机构、活动的内资企业数；创新环境是自主创新活动的社会支持系统，评价的是区域对自主创新提供的支持程度和保障水平，包括政府对于科技、教育的支持力度，市场化程度，信息化发展水平以及专利保护、专利商业化程度等各个方面均会对区域自主创新能力产生重要影响。如党文娟、康继军（2013）运用 2009 年全国 31 个省市区的数据，分析了市场化程度对区域创新能力的影响，结果表明市场化程度对区域创新能力的提高具有非常明显的促进作用，指出进一步深化市场经济改革是提高区域创新能力的关键因素；郑兴有、王鹏（2013）利用广东省 21 个地级市的相关数据分析了信息化程度及地理分布对区域创新投入产出效应的影响，发现信息化程度的提高有利于改善知识流动的效率，从而提升区域创新能力；曹勇（2012）通过对 118 家高新技术企业 363 份有效问卷调查数据进行分析，运用结构方程模型实证研究企业专利获取、专利保护、专利商业化与技术创新绩效的作用机制，发现专利获取、专利保护、专利商业化与技术创新绩效均具有显著的正向影响。在参考大量相关文献后，本书最终选取政府科技、教育投资支出额，市场化指数，信息化水平指数，技术市场成交合同金额和专利保护指数作为衡量区域自主创新环境支撑水平的指标。

（三）数据来源说明与计算过程

本章数据来源于《中国统计年鉴》和《中国科技统计年鉴》，市场化指数数据来源于樊纲等编著的《中国市场化指数：各地区市场化相对进程 2011 年报告》。

在数据样本年份区间选择上，一方面，由于《中国科技统计年鉴》自 2009 年后就不再单独统计外资研发各项指标的数据，满足评价指标体系 40 个指标的省域创新数据和外资研发数据最近可获年份只能截止到 2008 年；另一方面，考虑到外资在华研发发展主要可划分为三个阶段，即萌芽发展期（20 世纪 90 年代中期至 20 世纪末）、高速发展期（21 世纪初至 2005 年）以及稳定发展期（2005 年之后），1998~2008 年包含了外资在华研发发展所经历的全部阶段，故选取 1998~2008 年的数据样本外资研发与自主创新的耦合协调关系具有代表意义。

虽然本书所用数据样本区间为 1998~2008 年，难以获取更新的数据，但这 11 年正是在中国外资研发活动由萌芽初兴而迅猛发展进而平稳增长的关键时期，对这 11 年数据的分析仍能反映在华外资研发活动与省域自主创新活动耦合交互关系的变化特征与总体趋势。反观外资在中国研发活动的历程，自 1993 年中国允许跨国公司在中国设立控股公司以来，外资在中国研发活动正式拉开了序幕，尤其自 1999 年之后，中国政府陆续出台了一系列鼓励外资企业在中国进行技术开发和创新的措施，外资在中国研发步入萌芽发展期；

2000 年前后外资在中国研发开始由萌芽发展时期向高速发展时期转变，特别是 2001 年我国加入世界贸易组织，大大提高了对外交往程度，外资研发也由此进入了高速发展期；2005 年我国跨国公司在华设立研发机构新增数量达到峰顶，从 2006 年开始有所回落，外资研发发展逐步过渡到了平稳期。可以看出，1998 年、2000 年、2005 年是其中三个关键的时间节点。

考虑到样本区间年份跨度较大，以每一个年份的计算结果划分协调发展阶段比较烦琐且意义不大，基于外资研发发展主要经历的三个阶段，本书进行研究分析时，在时序上划分为 1998~2000 年、2001~2004 年和 2005~2008 年三个时间段，对各个时间段中外资研发与自主创新的耦合特征进行对比与考察。此外，由于缺乏西藏地区的相关统计数据，故本书的主要研究对象选定为除西藏、港澳台以外的中国 30 个省（市、自治区）。

计算过程如下：首先，将各省域的相关数据采用极差法对原始数据进行标准化处理，并由熵权法确定各系统、各项评价指标权重，随后将结果代入综合发展水平评价模型中计算出每个年份各省域外资研发和自主创新的综合发展水平 $U_{内资}$、$U_{外资}$；其次，将计算出的综合发展水平结果代入耦合协调模型中分别计算每个年份及三个时间段各省域外资研发和自主创新的耦合度 C_1、C_2、C_3；最后，将计算出的耦合度及综合发展水平代入相应公式分别计算每个年份以及三个时间段各省域外资研发与自主创新的耦合协调度 D_1、D_2、D_3。模型计算结果见表 4-2。

表 4-2 中国省域外资研发与自主创新综合发展水平、耦合度与耦合协调度

省域	1998~2000 年				2001~2004 年				2005~2008 年			
	$U_{内资}$	$U_{外资}$	C_1	D_1	$U_{内资}$	$U_{外资}$	C_2	D_2	$U_{内资}$	$U_{外资}$	C_3	D_3
北京	0.16	0.21	0.47	0.26	0.18	0.24	0.47	0.32	0.19	0.14	0.50	0.35
天津	0.07	0.22	0.38	0.24	0.07	0.29	0.34	0.27	0.07	0.17	0.41	0.29
河北	0.06	0.06	0.49	0.16	0.06	0.06	0.49	0.17	0.05	0.05	0.49	0.20
山西	0.04	0.03	0.47	0.12	0.07	0.02	0.48	0.13	0.08	0.02	0.45	0.14
内蒙古	0.04	0.04	0.47	0.14	0.04	0.1	0.44	0.17	0.03	0.11	0.46	0.17
辽宁	0.1	0.05	0.49	0.17	0.12	0.07	0.49	0.20	0.1	0.05	0.49	0.24

续表

省域	1998~2000年				2001~2004年				2005~2008年			
	$U_{内资}$	$U_{外资}$	C_1	D_1	$U_{内资}$	$U_{外资}$	C_2	D_2	$U_{内资}$	$U_{外资}$	C_3	D_3
吉林	0.06	0.05	0.49	0.15	0.05	0.04	0.49	0.14	0.15	0.17	0.40	0.23
黑龙江	0.1	0.05	0.49	0.15	0.12	0.04	0.47	0.15	0.06	0.05	0.50	0.19
上海	0.13	0.53	0.36	0.32	0.14	0.46	0.37	0.35	0.13	0.28	0.43	0.39
江苏	0.18	0.24	0.50	0.26	0.2	0.27	0.49	0.31	0.16	0.3	0.48	0.40
浙江	0.13	0.1	0.49	0.20	0.15	0.16	0.49	0.25	0.15	0.21	0.49	0.35
安徽	0.06	0.12	0.47	0.18	0.07	0.12	0.48	0.19	0.06	0.09	0.49	0.22
福建	0.05	0.28	0.34	0.25	0.06	0.3	0.32	0.27	0.04	0.22	0.31	0.27
江西	0.05	0.11	0.43	0.19	0.06	0.13	0.48	0.18	0.05	0.14	0.48	0.20
山东	0.19	0.07	0.46	0.19	0.19	0.08	0.47	0.22	0.15	0.09	0.49	0.30
河南	0.07	0.12	0.48	0.18	0.07	0.1	0.48	0.19	0.07	0.06	0.50	0.21
湖北	0.09	0.15	0.49	0.18	0.08	0.1	0.49	0.21	0.08	0.08	0.50	0.24
湖南	0.09	0.03	0.44	0.14	0.11	0.05	0.48	0.17	0.12	0.04	0.47	0.19
广东	0.14	0.4	0.40	0.30	0.19	0.4	0.42	0.34	0.18	0.34	0.45	0.45
广西	0.06	0.1	0.49	0.16	0.05	0.12	0.48	0.17	0.03	0.13	0.39	0.21
海南	0.03	0.09	0.36	0.14	0.04	0.04	0.41	0.14	0.1	0.1	0.45	0.21
重庆	0.07	0.08	0.50	0.18	0.08	0.13	0.50	0.21	0.08	0.14	0.50	0.24
四川	0.06	0.11	0.44	0.16	0.05	0.14	0.47	0.17	0.05	0.14	0.45	0.19
贵州	0.07	0.08	0.47	0.15	0.04	0.05	0.49	0.15	0.03	0.04	0.48	0.13
云南	0.03	0.04	0.49	0.12	0.03	0.04	0.49	0.13	0.03	0.03	0.49	0.14
陕西	0.13	0.05	0.40	0.15	0.13	0.04	0.47	0.17	0.14	0.03	0.42	0.16
甘肃	0.12	0.06	0.40	0.10	0.11	0.09	0.43	0.16	0.11	0.1	0.41	0.11
青海	0.05	0	0.00	0.00	0.04	0.03	0.26	0.08	0.05	0.04	0.42	0.13
宁夏	0.06	0.01	0.44	0.14	0.08	0.02	0.40	0.15	0.08	0.03	0.45	0.14
新疆	0.05	0	0.24	0.05	0.06	0.01	0.30	0.06	0.05	0.03	0.45	0.10

二、对30个省（市、区）的耦合协调分析

本节基于前一节的实证结果，从时间和空间两个维度对中国省域外资研发与自主创新的耦合发展水平进行了分析。考虑到耦合度计算结果较为集中，

且耦合度只能用来衡量系统或要素相互作用影响程度的大小，不能反映协调状况优与劣、好与坏程度，此外，大多数省域耦合度 C 的计算结果主要集中在 0.4~0.5 且变化不大，参考其他相关文献分类标准耦合度发展阶段归类于拮抗阶段，反映出中国外资研发与自主创新整体耦合度水平不高。因此，本节主要将耦合协调度水平作为主要讨论对象，从各省域外资研发与自主创新综合发展水平以及耦合协调度两个方面出发，详细分析了中国省域外资研发与自主创新的耦合协调水平。此外，为进一步讨论区域内省域耦合协调发展的协同水平，对京津冀地区、长三角地区以及西三角地区三个重点区域外资研发与自主创新的耦合协调度水平进行了重点考察。

（一）外资研发与自主创新综合发展水平分析

1998~2000 年、2001~2004 年、2005~2008 年三个时间段中国各省域外资研发和自主创新的综合发展水平 $U_{内资}$、$U_{外资}$ 计算结果见表 4-3。基于外资研发与自主创新的综合发展水平，外资研发与自主创新耦合协调发展程度可以被划分为三种类型：外资研发与自主创新发展同步型、外资研发发展超前型与自主创新发展超前型。

表 4-3　中国各省域外资研发与自主创新耦合发展类型

省域	1998~2000 年			2001~2004 年			2005~2008 年		
	$U_{外资}$	$U_{内资}$	耦合发展类型	$U_{外资}$	$U_{内资}$	耦合发展类型	$U_{外资}$	$U_{内资}$	耦合发展类型
北京	0.10	0.05	外资研发超前型	0.15	0.07	外资研发超前型	0.12	0.13	同步型
天津	0.12	0.03	外资研发超前型	0.18	0.03	外资研发超前型	0.16	0.04	外资研发超前型
河北	0.03	0.02	同步型	0.03	0.02	同步型	0.04	0.03	同步型
山西	0.01	0.02	同步型	0.01	0.02	同步型	0.01	0.03	同步型
内蒙古	0.02	0.02	同步型	0.05	0.02	同步型	0.04	0.02	同步型
辽宁	0.02	0.04	自主创新超前型	0.03	0.05	自主创新超前型	0.04	0.07	自主创新超前型
吉林	0.02	0.02	同步型	0.02	0.02	同步型	0.11	0.03	外资研发超前型
黑龙江	0.02	0.03	同步型	0.02	0.03	同步型	0.04	0.04	同步型
上海	0.24	0.05	外资研发超前型	0.28	0.06	外资研发超前型	0.27	0.09	外资研发超前型
江苏	0.07	0.06	同步型	0.11	0.08	同步型	0.22	0.12	外资研发超前型

续表

省域	1998~2000 年			2001~2004 年			2005~2008 年		
	$U_{外资}$	$U_{内资}$	耦合发展类型	$U_{外资}$	$U_{内资}$	耦合发展类型	$U_{外资}$	$U_{内资}$	耦合发展类型
浙江	0.05	0.03	同步型	0.08	0.05	同步型	0.15	0.10	外资研发超前型
安徽	0.05	0.02	同步型	0.05	0.03	同步型	0.06	0.04	同步型
福建	0.16	0.02	外资研发超前型	0.21	0.03	外资研发超前型	0.21	0.03	外资研发超前型
江西	0.06	0.02	同步型	0.04	0.03	同步型	0.05	0.03	同步型
山东	0.02	0.05	自主创新超前型	0.04	0.07	自主创新超前型	0.07	0.11	自主创新超前型
河南	0.04	0.03	同步型	0.05	0.03	同步型	0.04	0.05	同步型
湖北	0.03	0.04	同步型	0.06	0.04	同步型	0.07	0.05	同步型
湖南	0.01	0.03	自主创新超前型	0.03	0.04	自主创新超前型	0.03	0.05	自主创新超前型
广东	0.18	0.04	外资研发超前型	0.21	0.06	外资研发超前型	0.32	0.13	外资研发超前型
广西	0.03	0.02	同步型	0.04	0.02	同步型	0.09	0.02	外资研发超前型
海南	0.05	0.01	外资研发超前型	0.04	0.02	同步型	0.06	0.04	同步型
重庆	0.04	0.03	同步型	0.05	0.04	同步型	0.06	0.05	同步型
四川	0.02	0.04	同步型	0.02	0.04	同步型	0.02	0.06	同步型
贵州	0.03	0.02	同步型	0.03	0.02	同步型	0.01	0.02	同步型
云南	0.01	0.01	同步型	0.02	0.02	同步型	0.02	0.02	同步型
陕西	0.01	0.04	自主创新超前型	0.02	0.04	自主创新超前型	0.02	0.05	自主创新超前型
甘肃	0.01	0.02	同步型	0.06	0.02	同步型	0.01	0.02	同步型
青海	0.00	0.01	同步型	0.03	0.01	同步型	0.04	0.01	同步型
宁夏	0.03	0.01	同步型	0.05	0.01	同步型	0.03	0.01	同步型
新疆	0.00	0.01	同步型	0.00	0.01	同步型	0.01	0.02	同步型

外资研发与自主创新发展同步型，即外资研发与自主创新的发展基本同步，处于这一类型的省域最多，主要包括部分东部地区省域，如河北以及绝大部分中西部省域。处于同步型省域的主要可分为两种类型：一是如湖北、重庆、四川等省域不仅外资研发得到持续发展，而且自主创新也在适度发展，外资研发与自主创新发展相得益彰；二是外资研发与自主创新发展水平均相对滞后，如位于西部地区的青海、宁夏、新疆等省域，使得外资研发与自主创新之间的步伐反而协调起来，但显然这是较低水平的耦合协调发展。

外资研发发展超前型，即外资研发的发展速度超前于自主创新的发展速度，处于这一类型的省域主要包括北京、天津、上海、江苏、福建、广东等。可以看到，外资研发发展超前型省域均处于东部沿海地区，其对外开放程度、市场化程度较高且区位、资源优势明显，是外资研发活动最为主要的聚集区域，外资研发发展迅速且发展水平相对较高。

自主创新发展超前型，即自主创新的发展速度超前于外资研发的发展速度，处于这一类型的省域主要包括山东、辽宁、湖南、陕西等。其中：山东省内资企业 R&D 经费投入、科研人员数均为全国第一，自主研发实力雄厚；辽宁省作为我国最大的重工业基地，自身科技资源基础较好；湖南、陕西等省域一方面由于具备一定高校资源，人力资源丰富，另一方面虽然其自主创新资金投入、产出水平并不突出，但相较于外资研发仍明显处于较高水平，由于地处内陆，外资研发发展进程缓慢，跟不上自主创新的发展速度，因而归于自主创新发展超前型一类。

（二）外资研发与自主创新的耦合协调度分析

根据耦合协调度 D 值的不同，可将各省域外资研发与自主创新的耦合协调发展程度划分为四种类型阶段：协调阶段、磨合阶段、拮抗阶段、低水平阶段，分别用Ⅰ、Ⅱ、Ⅲ、Ⅳ表示（见表 4-4）。

表 4-4　中国省域外资研发与自主创新耦合协调度及耦合协调阶段

省域	1998~2000 年		2001~2004 年		2005~2008 年	
	D_1	阶段	D_2	阶段	D_3	阶段
北京	0.26	Ⅱ	0.32	Ⅰ	0.35	Ⅰ
天津	0.24	Ⅱ	0.27	Ⅱ	0.29	Ⅱ
河北	0.16	Ⅲ	0.17	Ⅲ	0.20	Ⅲ
山西	0.12	Ⅲ	0.13	Ⅲ	0.14	Ⅲ
内蒙古	0.14	Ⅲ	0.17	Ⅲ	0.17	Ⅲ
辽宁	0.17	Ⅲ	0.20	Ⅲ	0.24	Ⅱ
吉林	0.15	Ⅲ	0.14	Ⅲ	0.23	Ⅱ
黑龙江	0.15	Ⅲ	0.15	Ⅲ	0.19	Ⅲ

续表

省域	1998~2000 年		2001~2004 年		2005~2008 年	
	D_1	阶段	D_2	阶段	D_3	阶段
上海	0.32	Ⅰ	0.35	Ⅰ	0.39	Ⅰ
江苏	0.26	Ⅱ	0.31	Ⅱ	0.40	Ⅰ
浙江	0.20	Ⅲ	0.25	Ⅱ	0.35	Ⅰ
安徽	0.18	Ⅲ	0.19	Ⅲ	0.22	Ⅱ
福建	0.25	Ⅱ	0.27	Ⅱ	0.27	Ⅱ
江西	0.19	Ⅲ	0.18	Ⅲ	0.20	Ⅲ
山东	0.19	Ⅲ	0.22	Ⅱ	0.30	Ⅱ
河南	0.18	Ⅲ	0.19	Ⅲ	0.21	Ⅲ
湖北	0.18	Ⅲ	0.21	Ⅱ	0.24	Ⅱ
湖南	0.14	Ⅲ	0.17	Ⅲ	0.19	Ⅲ
广东	0.30	Ⅱ	0.34	Ⅰ	0.45	Ⅰ
广西	0.16	Ⅲ	0.17	Ⅲ	0.21	Ⅲ
海南	0.14	Ⅲ	0.14	Ⅲ	0.21	Ⅲ
重庆	0.18	Ⅲ	0.21	Ⅱ	0.24	Ⅱ
四川	0.16	Ⅲ	0.17	Ⅲ	0.19	Ⅲ
贵州	0.15	Ⅲ	0.15	Ⅲ	0.13	Ⅲ
云南	0.12	Ⅲ	0.13	Ⅲ	0.14	Ⅲ
陕西	0.15	Ⅲ	0.17	Ⅲ	0.16	Ⅲ
甘肃	0.10	Ⅳ	0.16	Ⅲ	0.11	Ⅲ
青海	0.00	Ⅳ	0.08	Ⅳ	0.13	Ⅲ
宁夏	0.14	Ⅲ	0.15	Ⅲ	0.14	Ⅲ
新疆	0.05	Ⅳ	0.06	Ⅳ	0.10	Ⅳ

注：表格中Ⅰ代表协调阶段，Ⅱ代表磨合阶段，Ⅲ代表拮抗阶段，Ⅳ代表低水平阶段。

1. 时间维度分析

从整体来看，中国外资研发与自主创新的耦合协调程度总体上仍处于拮抗阶段，耦合协调水平较低。但时序上呈现出稳定提升态势，表现出处于低水平阶段、拮抗阶段的省域数目不断减少，处于磨合阶段、协调阶段的省域数目不断增多的趋势。

1998~2000年，有1省（市）外资研发与自主创新的耦合协调度处于协调阶段，5省（市）处于磨合阶段，21省（市）处于拮抗阶段，3省（市）处于低水平阶段；2001~2004年，有2省（市）处于协调阶段，8省（市）处于磨合阶段，18省（市）处于拮抗阶段，2省（市）处于低水平阶段；2005~2008年，5省（市）处于协调阶段，8省（市）处于磨合阶段，16省（市）处于拮抗阶段，1省（市）处于低水平阶段，如图4-1所示。可以看出：虽然中国大多数省域外资研发与自主创新的耦合协调度均属于Ⅲ类，即拮抗阶段，但随着时间的推移，处于拮抗和低水平阶段的省域数目正持续减少，而处于协调和磨合阶段的省域数则呈现出稳定增长态势，表明中国外资研发与自主创新的耦合协调水平正打破原有拮抗阶段的状态，呈上升发展趋势。

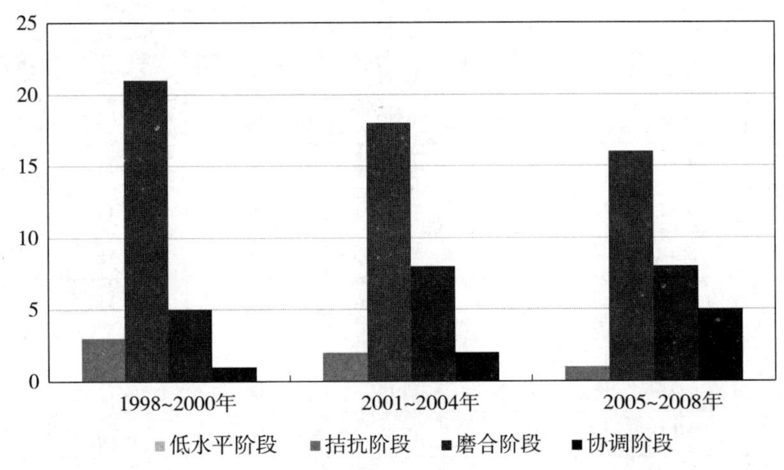

图4-1　省域外资研发与自主创新耦合协调阶段分布情况

从省域角度来看，北京、上海、广东、江苏、浙江5省（市）受经济规模、区位条件、市场化程度等多方面因素的正向作用，外资研发和自主创新的耦合协调度发展态势良好，特别是上海，在三个时间段内其耦合协调度均处于协调状态，北京、广东、江苏、浙江至最后一个时间段均达到Ⅰ类阶段，协调度呈现出持续强化的良性发展趋势，总体来看，以上5省（市）外资研发与自主创新的耦合协调度均已达到较高发展水平。

天津、山东、重庆、福建、湖北、安徽、吉林、辽宁8省（市）外资研发和自主创新的耦合协调程度不断发展，其中天津、福建在三个时间段均处于Ⅱ类阶段，而山东、重庆、湖北、安徽、吉林、辽宁耦合协调度均已突破了原先不显著的拮抗阶段，提升至磨合阶段，特别是重庆市作为西部大开发开放的重要战略枢纽城市，区域比较优势明显，未来时期外资研发与自主创新的耦合协调度持续发展的潜力巨大。

河北、内蒙古、黑龙江、江西、河南、湖南、广西、四川、贵州、陕西、宁夏、云南、海南、山西14省（市、区）的耦合协调度在三个时间段内始终处于Ⅲ类阶段，即拮抗阶段，处于这一阶段的省域数目超过了本书研究考察的省域总数的1/3，反映出中国大部分省域外资研发和自主创新的发展之间存在一定相互抑制作用情况。

甘肃、青海、新疆3省（区）是耦合协调度最低的几个区域，外资研发与自主创新的耦合协调发展一直维持在较低水平。在区域比较优势并不显著且基础较差的情况下，这些地区外资研发与自主创新之间的耦合协调程度实现高发展水平存在较大难度。

2. 空间维度分析

为了更加直观地反映出在三个不同的时间段中，耦合协调发展的地域分布情况及其空间发展趋势，依据划定结果，运用GIS软件绘制出1998~2000年、2001~2004年和2005~2008年三个时间段各省域外资研发与自主创新的耦合协调度地域分布图表现出明显的规律（见图4-2、图4-3、图4-4）。

我国东中西三大地区之间外资研发与自主创新耦合协调程度由东至西呈现出“梯度递减”的态势，表现出东部地区的耦合协调发展程度普遍高于中部地区，中部地区又普遍高于西部地区的规律，反映出三大地区之间外资研发与自主创新耦合协调发展存在明显的不平衡。

三个时间段处于Ⅰ类、Ⅱ类阶段的省域以东部地区为主，中部地区为辅，

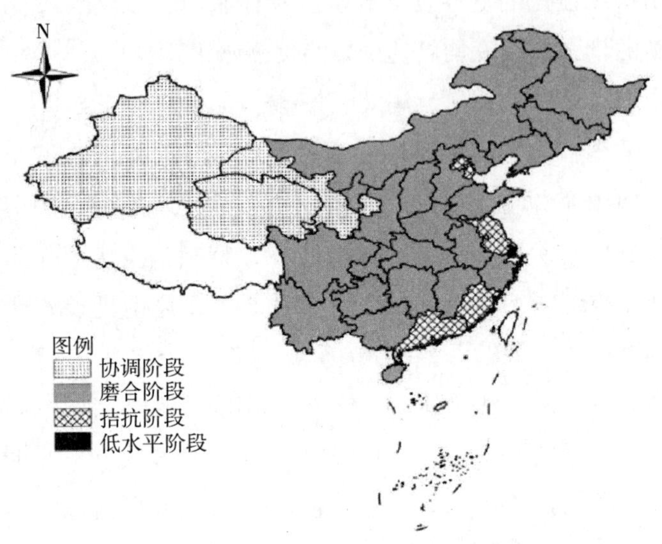

图 4-2　1998~2000 年省域外资研发与自主创新耦合协调度空间分布图

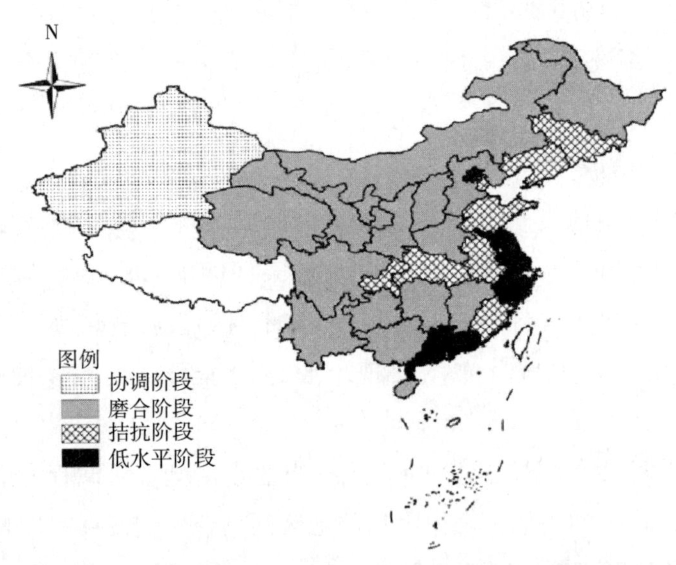

图 4-3　2001~2004 年省域外资研发与自主创新耦合协调度空间分布图

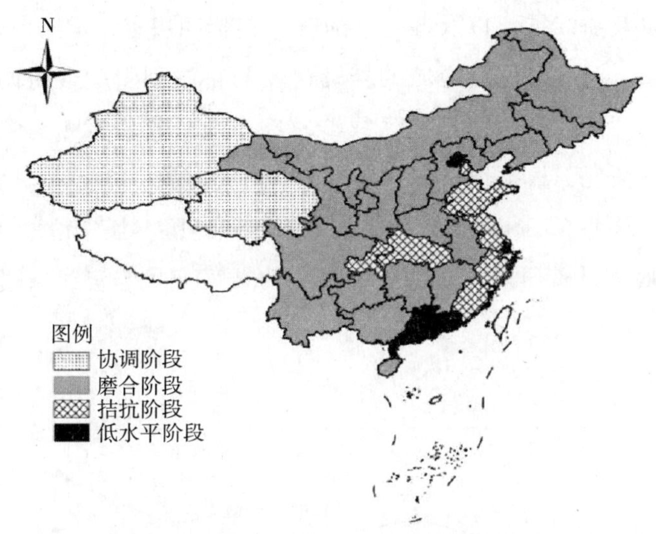

图 4-4　2005~2008 年省域外资研发与自主创新耦合协调度空间分布图

西部地区仅包括重庆市。北京、上海、江苏、浙江、广东、天津、山东、福建等耦合协调度较高的省域均处于东部沿海地区。东部地区作为中国经济发展水平、人才集聚度、市场化程度均处于较高水平的区域，外资研发和自主创新的综合发展水平也相对较高，Ⅰ类、Ⅱ类阶段在东部地区的集聚，一方面表明外资更加倾向于在经济发展水平、人才密集程度等区位优势明显、有自主创新能力的区域开展研发活动，另一方面也充分显示了经济因素、市场因素、人才因素等对外资研发与自主创新耦合协调发展所起到的重要作用。

三个时间段处于Ⅲ、Ⅳ类阶段的省域以中西部地区为主，较少涉及东部地区。其中，大部分中部地区省域均处于Ⅲ类阶段，而处于Ⅳ类阶段的甘肃、青海、新疆三省域则均位于西部地区，反映出西部地区外资研发和自主创新的耦合发展水平相比于东中部地区仍存在巨大的差距。

（三）重点区域外资研发与自主创新耦合协调度分析

为进一步讨论区域内省域耦合协调发展的协同水平，本书选取具有代表性的京津冀地区（包括北京市、天津市以及河北省）、长三角地区（包括上海市、江苏省以及浙江省）以及西三角地区（包括四川省、重庆市以及陕西省）作为研究对象，对三个重点区域的外资研发与自主创新耦合协调度发展情况进行对比分析。考虑到珠三角地区只涉及广东一个省份，无法考察省域间的耦合协同发展情况，故不作为本部分内容的研究对象。

图 4-5、图 4-6、图 4-7 分别反映了京津冀地区、长三角地区、西三角地区 1998~2008 年外资研发与自主创新耦合协调度变化趋势，通过对比我们可以发现：

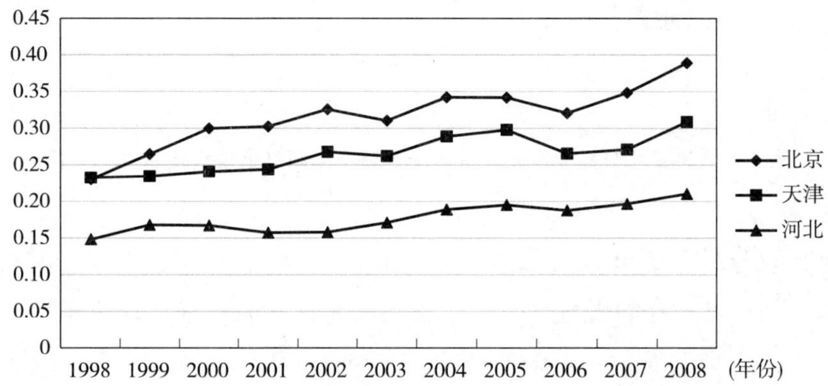

图 4-5　1998~2008 年京津冀地区外资研发与自主创新耦合协调度

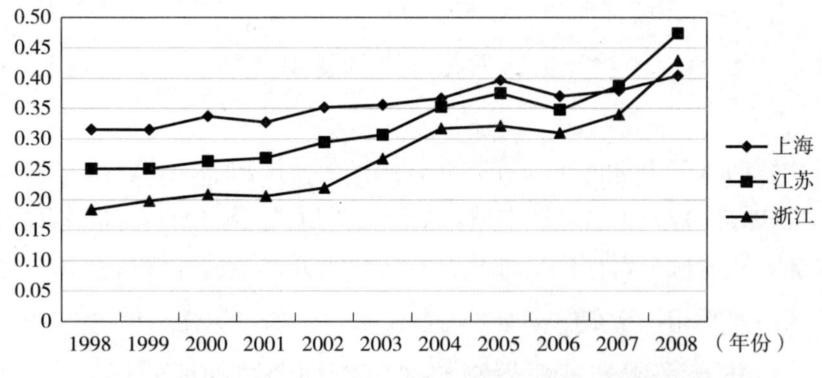

图 4-6　1998~2008 年长三角地区外资研发与自主创新耦合协调度

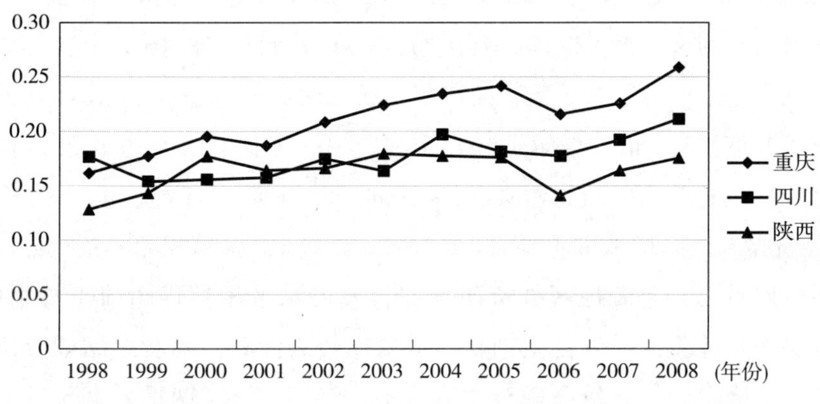

图 4-7　1998~2008 年西三角地区外资研发与自主创新耦合协调度

第一，京津冀地区各省域外资研发与自主创新耦合协调水平总体呈现平稳发展态势，但省域之间发展水平差异明显：三个省（市）中，北京的外资研发与自主创新耦合协调度最高，总体处于协调阶段，其次为天津，始终处于磨合阶段，河北的耦合协调度最低，稳定在拮抗阶段。可以看出京津冀地区三个省（市）外资研发与自主创新耦合协调度发展变化态势虽然较为同步，但发展程度各不相同且相互之间关联度较小，其耦合协调度各自稳定在不同的阶段，区域内的耦合协调度发展并不协同。

第二，长三角区域内各省域外资研发与自主创新耦合协调度整体处于较高水平且趋于一致，区域耦合协调度呈协同发展状态：前期阶段，上海的外资研发与自主创新耦合协调度最高，研究期内其耦合协调度水平一直处于协调阶段，其次分别为江苏、浙江，在 2004 年之前一直处于磨合阶段。随着时间的推移，三省（市）外资研发与自主创新耦合协调度趋于一致，江苏、浙江的耦合协调度呈现稳步提升态势，至 2008 年时其耦合协调度均已超过上海。上海的耦合协调度虽然增长速度缓慢，但总体耦合协调水平处于较高水平。

究其原因，一方面，随着长三角地区一体化程度不断增加，区位间比较优势不断缩小，外资研发活动不仅局限在上海，而且更多地开始向江浙经济带渗透，以外资企业 R&D 经费投入数据为例，2003 年上海、江苏、浙江外资企业 R&D 经费投入分别为 392826 万元、188308 万元、83308 万元，至 2008 年这一数据分别增长至 887443 万元、1511740 万元、728346 万元，如图 4-8 所示，其中上海增加了 2.3 倍，而江苏、浙江两地外资企业 R&D 经费投入分别增长了 8 倍、8.8 倍，增幅远超过上海。另一方面，三个省（市）自主创新活动均呈现稳定增长态势，2003~2008 年，上海、江苏、浙江内资企业 R&D 经费投入分别增长了 4.5 倍、4.1 倍、4.1 倍，增幅较为一致，如图 4-9 所示。可以看出，上海地区外资研发综合发展水平虽然仍超前于自主创新，但其发展态势趋缓，同时自主创新活动依旧较为活跃，两者之间耦合协调度略微出现下降但仍处于较高耦合协调水平；江苏、浙江两地外资研发与自主创新活动均呈现高速发展态势，而且两者之间耦合协调度也随之不断提升。

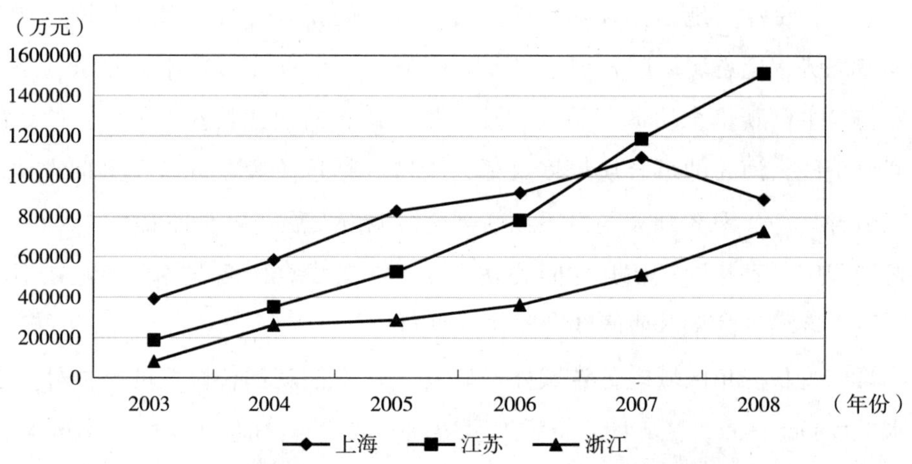

图 4-8 2003~2008 年上海、江苏、浙江外资企业 R&D 经费投入变动趋势

第三，西三角区域内各省域外资研发与自主创新耦合协调发展呈分化态势：最初阶段三个地区耦合协调水平较为接近，随着时间的推移，重庆耦合协调度水平处于领先地位，四川同样稳步发展，而陕西发展速度缓慢，总体保持平稳态势，与四川、重庆之间开始出现明显差距。在西三角地区，川渝经济区承担起龙头角色，四川、重庆作为“外资西进”的重要承接地，外资研发活动不断增多，与此同时，陕西（西安）作为最弱一极，无论是科技实力、研发基础，

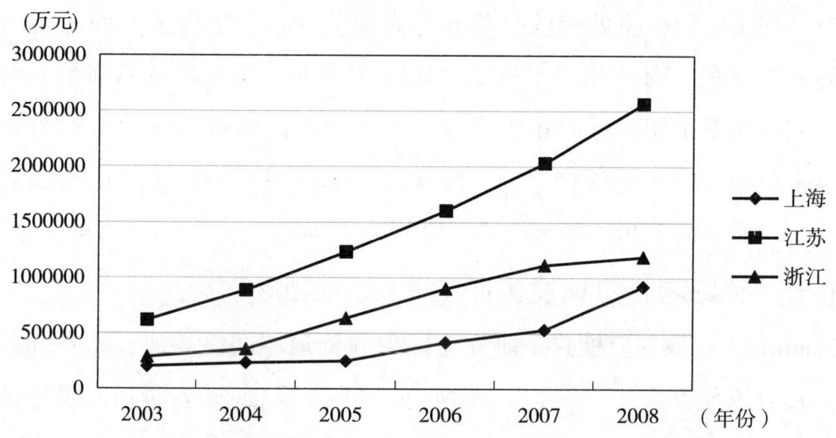

图 4-9　2003~2008 年上海、江苏、浙江内资企业 R&D 经费投入变动趋势

还是市场化程度、开放程度都明显低于四川、重庆两地，其外资研发介入程度因此较低，与川渝之间外资研发水平差距不断加大；此外，陕西自主创新水平发展迅速，以 2008 年为例，陕西财政资金在 R&D 活动经费筹集额中的比重高达 16.57%，内资企业 R&D 经费投入及科研人员数分别达 403733 万元和 62242 人。正是外资研发与自主创新之间的不均衡发展导致陕西的耦合协调度发展缓慢。

从图 4-9 中可以看出，各个省域外资研发与自主创新耦合协调度的值在 2006 年均出现不同程度的下降，造成这一结果的原因可能在于随着自主创新发展战略提出，自主创新活动日趋活跃，而外资研发发展相对滞后，特别是对于如陕西一类外资研发发展处于劣势的省域，外资研发与自主创新发展呈现不协调状态，耦合协调度也因此出现下降。

三、对耦合协调度的空间相关性分析

运用 Geoda 软件，本节将从全局和局部两个方面出发，对上文耦合协调度的实证结果进行空间相关性分析，进一步揭示中国省域外资研发和自主创新耦合效应的空间分布特征。本书将主要采用 Moran's I 指数进行全局空间相关性分析，利用 LISA 值和 Moran's I 散点图进行局部空间相关性分析。

另外，需要说明的一点是，由于海南省特殊的海岛地理位置导致其在空间上没有邻接单元，也就无法分析其空间相关性。为了保证空间分析的完整性，同时考虑到海南省和广东省的具体现实情况，两省虽然不邻接，但距离较近、空间联系密切，所以在生成权重矩阵时将海南和广东两省作为邻接单元分析，分别增加 1 个邻接单元，因此海南邻接单元有 1 个，广东邻接单元有 5 个。这样空间分析的结果会更加客观、准确。

（一）省域耦合协调度全局空间相关性分析

Moran's I 指数的值检验是研究地区中邻近地域间是相似、相异或者相互独立，其取值范围为［-1，1］，若 Moran's I 接近 1，则表明相似属性是集聚的，若 Moran's I 接近-1，则表明相异属性是集聚的，若 Moran's I 接近 0，则表明属性是随机分布的。

通过 Geoda 软件对三个时间段的外资研发与自主创新耦合协调度进行全局空间自相关分析，计算出 Moran's I 的值分别为 0. 5294、0. 4529、0. 4987（见图 4-10、图 4-11、图 4-12），均为空间正相关，说明中国外资研发与自主创新耦合协调度的空间分布并非表现出完全随机性，而是表现出空间相似值之间的空间聚集，即外资研发与自主创新的耦合协调发展度的集聚作用较为显著。

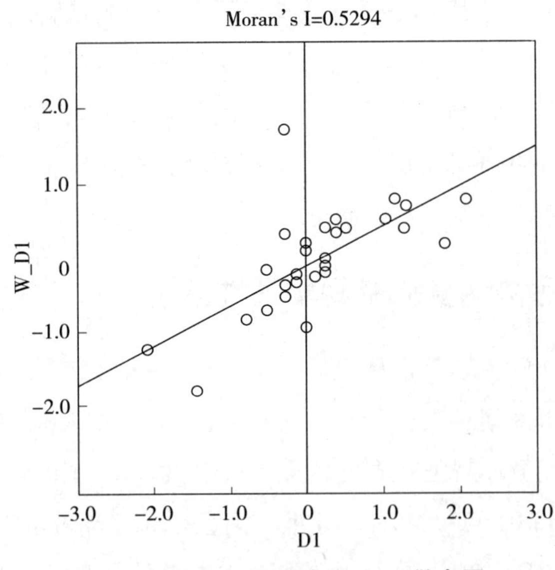

图 4-10　1998~2000 年 Moran 散点图

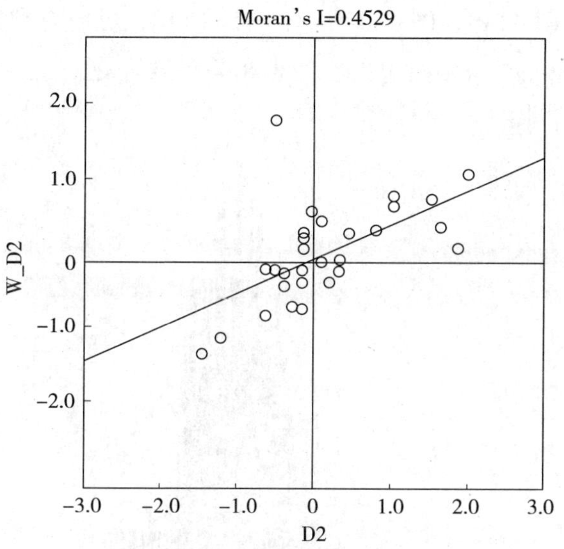

图 4-11　2001~2004 年 Moran 散点图

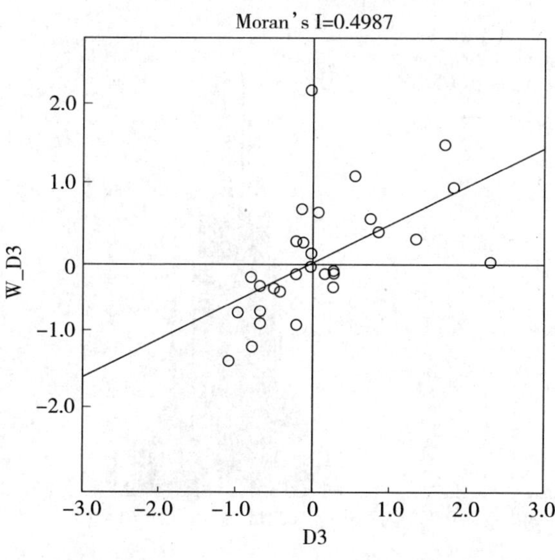

图 4-12　2005~2008 年 Moran 散点图

为了检验 Moran's I 是否显著，在 Geoda 中采用蒙特卡罗模拟的方法来检验。检验结果如图 4-13、图 4-14、图 4-15 所示，可以看到所求 P 值均等于 0.001，说明在 99.9%置信度下的空间自相关是显著的。

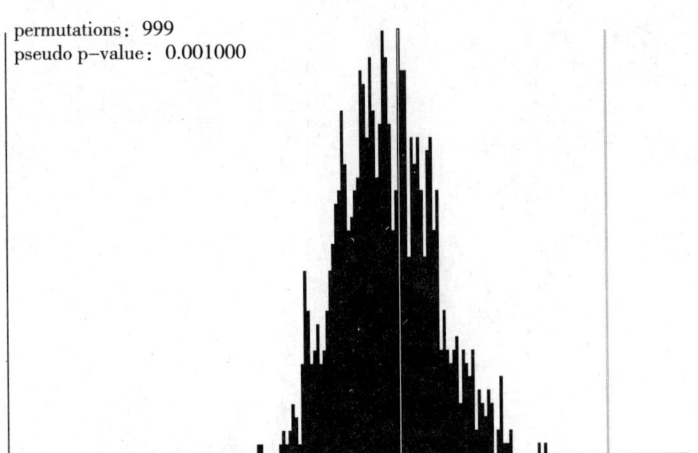

图 4-13　1998~2000 年 Moran's I 显著性水平图

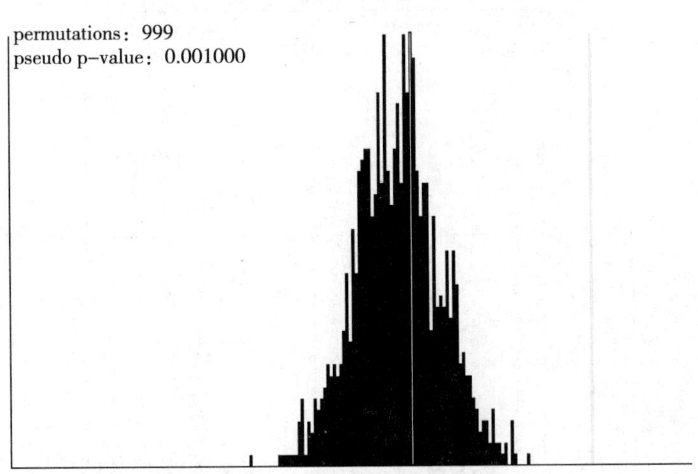

图 4-14　2001~2004 年 Moran's I 显著性水平图

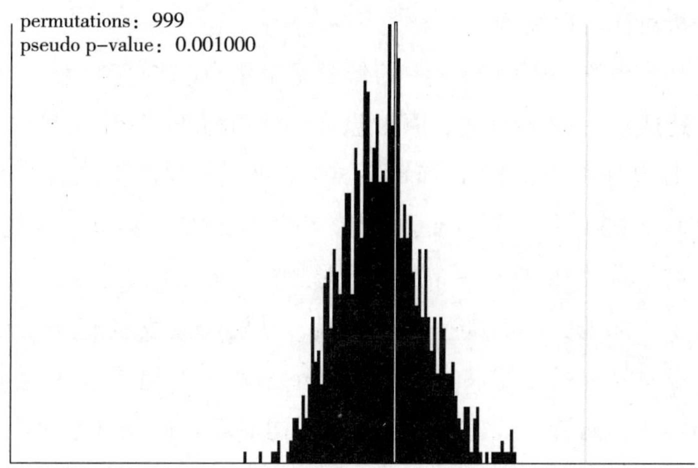

图 4-15　2005~2008 年 Moran's I 显著性水平图

(二) 省域耦合协调度局部空间相关性分析

根据 Moran 散点图（见图 4-10、图 4-11、图 4-12），分布在第一象限和第三象限的点均为空间正相关的点数据，其中分布在第一象限省域主要包括上海、江苏、浙江、福建、广东、山东等东部沿海地区，分布在第三象限的省域主要包括新疆、青海、甘肃、云南等西部地区。其空间关联特征是：耦合协调度较高的省域趋于和耦合协调度较高的省域相邻，而耦合协调度较低的省域趋于和耦合协调度较低的省域相邻。大部分省域位于第一象限和第三象限内，即通常的热点和冷点区域，属于高—高集聚和低—低集聚类型，落入这两个象限的空间单元存在较强的空间正相关。具体的分布结果见表 4-5。

表 4-5　中国省域耦合协调度空间集聚类型

空间集聚类型	省域		
	1998~2000 年	2001~2004 年	2005~2008 年
高—高集聚	江苏、上海	江苏、上海	江苏、上海、海南
高—低集聚	四川	四川	四川
低—低集聚	新疆、青海、甘肃	新疆、青海	新疆、青海
低—高集聚	安徽、江西、海南	安徽、江西、海南	安徽、江西

通过分析对比可以发现：

第一，甘肃由第一个时间段中的低—低聚集点演变为后两个时间段中的不显著点。造成这一情况的主要原因包括：甘肃省外资研发发展速度不断加快，1998 年甘肃外资企业 R&D 经费为 302. 6 万元，仅高于陕西、青海、新疆三个省域，而到 2004 年，外资企业 R&D 经费为 2076. 5 万元，相比于 1998 年增长了近 7 倍，占总 R&D 经费的比重由原来的 0. 5%上升至 5. 2%，增长了 10 倍多，远大于西部地区同时期平均增长量，外资研发发展速度相对较快，至第二个时间段时甘肃耦合发展类型已由自主创新发展超前型变为外资研发与自主创新同步型，两者发展速度趋于同步，同时耦合协调度水平也不断增加，在第二个时间段甘肃的耦合协调阶段由之前的低水平阶段上升为拮抗阶段。由于周边区域如青海、宁夏外资研发与自主创新耦合协调度维持在低水平阶段，使得甘肃的冷—冷集聚点消失。

第二，海南由前两个时间段中的低—高集聚点演变为第三个时间段中的高—高集聚点。作为中国的最大经济特区，海南地处华南经济圈的前沿位置，毗邻我国港澳台地区和东南亚，是连接大陆和东南亚的枢纽，有着得天独厚的区位优势，对外开放十分活跃，市场经济机制也日趋成熟，对外商及外资具有较强的吸引力和凝聚力。随着外资研发的不断发展，再加上良好的生活环境以及对于自主创新的不断重视，高素质人才资源也相应开始集聚，自主创新能力不断得到发展，外资研发与自主创新耦合协调水平随之提升。同时，由于邻近广东这一外资研发与自主创新耦合协调度处于较高水平的省域，伴随知识外溢、人才交流等正向因素，高—高集聚点得以形成。

第三，京津冀地区空间相关性呈现不显著状态。作为中国沿海三大城市群之一，京津冀地区在中国的经济发展中占据重要地位，该区域同样面临严重制约其经济发展的一系列区域性问题，如产业结构雷同、市场机制不完善、基础设施不协调、地方保护主义等，三个省域经济发展层次不一，发展情况和一体化进程与长三角相比存在一定差距，正因如此，京津冀地区外资研发与自主创新的耦合协调度空间相关性检验结果显示为不显著。此外，聚类分析的结果也进一步印证了上一章对京津冀地区耦合协调度分析的结果，即北京、天津、河北三地之间外资研发与自主创新的耦合协调度关联性较小，区域耦合协调发展并不协同。

第四，长三角地区呈现高—高集聚特征。长三角地区作为中国第一大经济区，资源禀赋、科技研发实力、对外开放程度、市场化程度等均处于较高水平，此外，随着区域一体化发展不断深入，区域优势进一步发挥，发展合力显著增强。区域内各省域外资研发与自主创新发展相得益彰，耦合协调水平较高且区域耦合协调发展的协同作用显著。虽然周边包括安徽、江西在内的省域由于受制于资源禀赋、研发实力与基础、经济发展水平等因素，自主创新发展水平较低导致外资研发与自主创新之间耦合协调度较小，但包括长三角地区及周边山东、福建在内的耦合协调度均处于较高水平，区域整体耦合协调水平呈现高—高集聚特征。

第五，西三角地区以四川为中心呈现高低集聚特征。作为西三角经济区龙头区域以及“外资西进”的重要承接地，四川、重庆外资研发与自主创新耦合协调水平明显高于西部其他省域，特别是对于四川，一方面自身耦合协调度较高，另一方面其毗邻省份均属于西部省域，如青海、甘肃、陕西、贵州、云南等，外资研发发展水平相对滞后，耦合协调度大多处于拮抗或低水平阶段，因此在 LISA 集聚图中形成了高—低集聚点。

参考文献

[1] 党文娟，康继军．我国市场化发育程度对区域创新能力的影响力研究——基于不均衡发展视角[J]. 云南财经大学学报，2013（4）：93-99.

[2] 郑兴有，王鹏．信息化程度及地理分布对区域创新投入产出效应的影响[J]. 经济与管理，2013，27（9）：85-90.

[3] 曹勇．外资研发对我国本土企业的相关影响及区域差异——基于省际面板数据与动态模型的实证分析[J]. 科学学与科学技术管理，2012（9）：21-27.

第五章　基于产业的外资研发与自主创新耦合协调发展研究[①]

以跨国公司为主导的外资研发活动，其进入主要依托跨国公司在中国的产业基础，并对中国的经济与科技产生直接或间接的影响。然而，外资研发活动在各个产业之间分布得并不均衡，疏密有别，且各产业本身的发展水平和创新能力各有不同，因而在这种背景下，如何协调各产业外资研发与自主创新的协调发展关系也成为不可回避的关键议题。本章基于产业层面，对中国28个工业行业以及高技术产业细分行业的外资研发与自主创新进行耦合实证分析，探求外资研发和自主创新之间的耦合协调关系，从而为不同产业外资研发与自主创新的政策制定提供依据。

一、指标体系、样本与数据

产业的进步离不开技术的支撑，技术的进步则主要依赖于创新的成效，而具体产业中的技术创新主要表现在企业的研发活动上，企业研发投入提高创新能力则普遍增强。因此，在构建外资研发—自主创新系统评价指标体系时，本章采取企业数据作支撑。由于外资研发的介入，在中国，企业的研发活动可以分为外资企业的研发和内资企业的自主创新，为了进一步探讨产业研发活动中外资研发与自主创新的耦合机理，本章根据企业研发行为的内涵与特点，遵循真实性与科学性、动态性与开放性、系统性与代表性、简明性与可操作性四个原则，分别建立外资研发系统与自主创新系统的理论评价指标体系。

---

① 本节内容参见：祝影，史晓佩．中国工业外资研发与自主创新的耦合协调发展研究[J]．管理学报，2016，13（1）：106-114.

（一）外资研发系统评价指标体系

外资研发系统是指外资研发主体在东道国的研发环境下，充分利用研发资源而进行产业研发活动的总称，其研发投入直接反映了研发主体对研发活动的投入意愿及力度，且研发投入直接决定了研发产出，研发产出则直接反映出了外资研发主体的研发实力与效率，同时，研发产出又决定了外资研发主体的研发绩效，如外资研发介入水平及外资研发企业的市场地位，研发产出及研发绩效水平的高低又对研发投入或产出起到反馈作用，综上，外资研发主体的研发投入、研发产出及研发绩效共同决定了外资研发系统的发展水平。

因此，外资研发系统理论评价指标体系可以从研发投入、研发产出及研发绩效 3 个维度分别对外资研发系统和自主创新系统进行考量。其中研发投入是支撑研发创新活动的基础要素，主要包括研发经费投入、研发人员投入、研究机构数量、技术引进与吸收量等。研发产出则是理性企业追求利润最大化的结果，直接反映出企业核心创造能力、知识产权运用保护能力等，同时它也是研发协同发展水平的重要体现，主要表现为企业销售额及利润的增加、技术与专利的输出、市场交易规模的扩大、商业品牌的塑造等。研发绩效则是研发企业研发效率及价值的体现，反映了外资研发活动在整个产业中的份额及经济影响力，如外资研发介入水平、外资企业在市场中所占地位与份额等。

基于产业外资研发系统评价指标体系的理论框架，外资企业在东道国进行实际研发活动时，选取研发投入、研发产出、研发绩效 3 个一级指标进行测度。其中，研发经费与研发人员投入是基础，本章采用外资企业 R&D 经费投入、外资企业 R&D 经费投入占主营业务收入比重、外资企业 R&D 人员全时当量、外资企业 R&D 人员全时当量占从业人员比重 4 个二级指标反映外资研发主体的研发投入水平；外资企业研发产出水平则由外资企业新产品销售收入、外资企业新产品销售收入占主营业务收入比重、外资企业发明创造专利申请量、外资企业每亿元 R&D 经费投入产生的新产品销售收入、外资企业每亿元 R&D 经费投入产生的发明专利申请量 5 个二级指标进行衡量；企业研发协同创新能力、市场影响力及创新价值等研发绩效的体现，则由外资企业

R&D 经费占行业总 R&D 经费比重、外资企业发明创造专利申请量占全行业比重、外资企业科技机构数占行业机构总数的比重、外资企业新产品销售收入占全行业比重、外资企业技术改造经费占总行业比重、外资企业总利润占全行业总利润比重 6 个二级指标体现，在此归结为研发绩效水平。

（二）自主创新系统评价指标体系

自主创新系统是指内资创新主体为实现技术进步、争夺市场份额，基于本国创新资源与环境而进行的自主创新活动的总称，也可以从内资创新主体的研发投入、研发产出及研发绩效 3 个维度进行考察。

自主创新系统的实证指标体系由研发投入、研发产出、研发绩效 3 个一级指标组成，内资企业 R&D 经费投入、内资企业主营业务收入、内资企业科技机构数占行业科技机构总数的比重等 15 个二级指标构成，两个系统各个指标汇总见表 5-1。

表 5-1　外资研发系统与自主创新系统耦合评价实证指标体系

系统	一级指标	二级指标	单位	系统	一级指标	二级指标	单位
外资研发系统	研发投入	外资企业 R&D 经费投入	万元	自主创新系统	研发投入	内资企业 R&D 经费投入	万元
		外资企业 R&D 经费投入占主营业务收入比重	%			内资企业 R&D 经费投入占主营业务收入比重	%
		外资企业 R&D 人员全时当量	人			内资企业 R&D 人员全时当量	人
		外资企业 R&D 人员全时当量占从业人员比重	%			内资企业 R&D 人员全时当量占从业人员比重	%
	研发产出	外资企业新产品销售收入	万元		研发产出	内资企业新产品销售收入	万元
		外资企业新产品销售收入占主营业务收入比重	%			内资企业新产品销售收入占主营业务收入比重	%
		外资企业发明专利拥有量	项			内资企业发明专利拥有量	项
		外资企业每亿元 R&D 经费投入产生的新产品销售收入	—			内资企业每亿元 R&D 经费投入产生的新产品销售收入	—
		外资企业每亿元 R&D 经费投入产生的发明专利拥有量	项/亿元			内资企业每亿元 R&D 经费投入产生的发明专利拥有量	项/亿元

续表

系统	一级指标	二级指标	单位	系统	一级指标	二级指标	单位
外资研发系统	研发绩效	外资企业 R&D 经费占行业总 R&D 经费比重	%	自主创新系统	研发绩效	内资企业 R&D 经费占行业总 R&D 经费比重	%
		外资企业发明专利拥有量占行业总数的比重	%			内资企业发明专利拥有量占行业总数的比重	%
		外资企业科技机构数占行业总数的比重	%			内资企业科技机构数占行业总数的比重	%
		外资企业新产品销售收入占全行业比重	%			内资企业新产品销售收入占全行业比重	%
		外资企业技术改造经费占总行业比重	%			内资企业技术改造经费占总行业比重	%
		外资企业总利润占全行业总利润比重	%			内资企业总利润占全行业总利润比重	%

（三）数据来源说明与计算过程

本章研究数据主要来源于历年《中国科技统计年鉴》及《中国高技术产业统计年鉴》。受限于指标数据的可获性，无法全面得到全部工业行业的数据，能够比较完整地收集到 30 个指标数据的仅有 28 个工业行业，同时由于《中国科技统计年鉴》统计口径的变化，2008 年之后不再统计区分内外资的产业科技创新活动数据，只能得到 28 个工业行业 2004~2008 年完整的原始数据库，为了保持统计口径一致，并考虑到数据分析的有效性，本章选用 2004 年及 2008 年数据对中国 28 个工业行业外资研发与自主创新系统的耦合关系进行分析，一方面是对中国产业研发系统引用耦合理论的检验，另一方面也是对中国工业外资研发系统与自主创新系统的耦合协调发展情况做初步的判断。

根据外资研发系统与自主创新系统耦合评价实证指标体系，取得中国 28 个工业行业 2004 年及 2008 年的内外资企业研发数据；接着采用极差法对原始数据进行标准化处理，并由熵权法确定各系统、各项评价指标权重；最终由综合发展水平评价函数分别计算 28 个产业外资研发系统与自主创新系统的

综合发展水平值 $U_{外}$、$U_{内}$，由耦合度模型及耦合协调度模型分别计算得出产业外资研发与自主创新系统的耦合度 C 值及耦合协调度 D 值，结果见表 5-2。

表 5-2 中国 28 个工业行业外资研发与自主创新系统综合发展水平、耦合度与耦合协调度

产业	2004 年				2008 年			
	$U_{外}$	$U_{内}$	C	D	$U_{外}$	$U_{内}$	C	D
通信设备、计算机及其他电子设备制造业	0.267	0.164	0.971	0.467	0.459	0.321	0.984	0.626
交通运输设备制造业	0.168	0.137	0.995	0.393	0.244	0.250	1.000	0.497
电气机械及器材制造业	0.108	0.124	0.998	0.338	0.180	0.224	0.994	0.445
通用设备制造业	0.081	0.103	0.993	0.299	0.111	0.174	0.975	0.368
专用设备制造业	0.056	0.120	1.000	0.296	0.095	0.184	1.000	0.363
医药制造业	0.086	0.090	0.984	0.349	0.129	0.136	0.977	0.357
化学原料及化学制品制造业	0.052	0.093	0.931	0.277	0.069	0.175	0.948	0.356
黑色金属冶炼及压延加工业	0.023	0.105	0.997	0.310	0.037	0.203	0.989	0.330
仪器仪表及文化、办公用机械制造业	0.103	0.087	0.959	0.257	0.095	0.129	0.899	0.322
化学纤维制造业	0.067	0.051	0.769	0.209	0.083	0.076	0.722	0.282
有色金属冶炼及压延加工业	0.035	0.067	0.991	0.244	0.047	0.108	0.999	0.282
橡胶制品业	0.068	0.057	0.996	0.252	0.088	0.060	0.982	0.272
非金属矿物制品业	0.055	0.056	1.000	0.235	0.075	0.066	0.998	0.267
金属制品业	0.056	0.060	0.999	0.241	0.071	0.070	1.000	0.266
塑料制品业	0.074	0.050	0.948	0.214	0.079	0.053	0.920	0.261
纺织业	0.073	0.051	0.980	0.251	0.051	0.079	0.982	0.257
饮料制造业	0.048	0.071	0.980	0.237	0.068	0.062	0.999	0.255
文教体育用品制造业	0.075	0.079	1.000	0.276	0.083	0.040	0.940	0.245
造纸及纸制品业	0.061	0.042	0.983	0.228	0.073	0.046	0.976	0.244
食品制造业	0.041	0.054	0.990	0.214	0.067	0.050	0.989	0.242
家具制造业	0.079	0.075	1.000	0.278	0.074	0.040	0.955	0.238
石油加工、炼焦及核燃料加工业	0.054	0.057	0.940	0.260	0.036	0.078	1.000	0.236

续表

产业	2004 年				2008 年			
	$U_{外}$	$U_{内}$	C	D	$U_{外}$	$U_{内}$	C	D
皮革、毛皮、羽毛（绒）及其制品业	0. 091	0. 045	0. 894	0. 271	0. 056	0. 055	0. 999	0. 232
纺织服装、鞋、帽制造业	0. 064	0. 042	0. 999	0. 201	0. 081	0. 027	0. 999	0. 230
工艺品及其他制造业	0. 110	0. 042	0. 913	0. 247	0. 056	0. 051	0. 997	0. 225
农副食品加工业	0. 039	0. 042	1. 000	0. 234	0. 054	0. 051	0. 929	0. 225
木材加工及木、竹、藤、棕、草制品业	0. 088	0. 037	0. 977	0. 232	0. 054	0. 046	0. 866	0. 223
印刷业和记录媒介的复制	0. 053	0. 039	0. 988	0. 216	0. 051	0. 040	0. 993	0. 214

数据来源：由于 2008 年后《中国统计年鉴》进行了统计指标调整，无法获得区分内外资的 28 个工业行业科技创新活动的数据，因此本章对 28 个工业行业的分析只考虑到 2008 年。

二、对 28 个工业行业的耦合协调分析

对中国产业研发系统的耦合评价主要从两个方面展开，一个是基于 $U_{外}$、$U_{内}$值耦合发展类型的分析，另一个则是基于 C 值、D 值耦合协调阶段的评价。其中耦合协调阶段反映出了外资研发系统与自主创新系统的协同发展状态，根据各产业 $U_{外}$与 $U_{内}$值的比较划分为 3 类，即当 $U_{外}>U_{内}$时，该产业属于外资研发超前型产业；当 $U_{外}<U_{内}$时，该产业属于自主创新超前型产业；当 $U_{外}=U_{内}$时，该产业属于外资研发与自主创新同步型产业。耦合发展类型则反映了外资研发与自主创新系统的耦合协调发展程度，利用 SPSS 22. 0 对实证所得 D 值进行系统聚类分析，并依据中国产业研发系统的发展特征归纳得 4 种耦合协调类型，即高度协调型（Ⅰ）、耦合高效型（Ⅱ）、潜力发展型（Ⅲ）和拮抗滞后型（Ⅳ）。

（一）中国工业外资研发与自主创新系统的综合发展水平分析

由实证模型计算得出，2004 年及 2008 年中国 28 个工业行业外资研发系统与自主创新系统的综合发展水平值，并根据 $U_{外}$与 $U_{内}$的大小比较得出中国 28 个工业行业外资研发与自主创新系统的耦合类型，结果见表 5-3。

表 5-3　2004 年及 2008 年中国 28 个工业行业外资研发与自主创新系统的耦合发展类型

产业	2004 年			2008 年		
	$U_外$	$U_内$	耦合发展类型	$U_外$	$U_内$	耦合发展类型
通信设备、计算机及其他电子设备制造业	0.267	0.164	外资研发超前	0.459	0.321	外资研发超前
交通运输设备制造业	0.168	0.137	外资研发超前	0.244	0.250	自主创新超前
电气机械及器材制造业	0.108	0.124	自主创新超前	0.180	0.224	自主创新超前
通用设备制造业	0.081	0.103	自主创新超前	0.111	0.174	自主创新超前
专用设备制造业	0.056	0.120	自主创新超前	0.095	0.184	自主创新超前
医药制造业	0.086	0.090	同步型	0.129	0.136	自主创新超前
化学原料及化学制品制造业	0.052	0.093	自主创新超前	0.069	0.175	自主创新超前
黑色金属冶炼及压延加工业	0.023	0.105	自主创新超前	0.037	0.203	自主创新超前
仪器仪表及文化、办公用机械制造业	0.103	0.087	外资研发超前	0.095	0.129	自主创新超前
化学纤维制造业	0.067	0.051	外资研发超前	0.083	0.076	外资研发超前
有色金属冶炼及压延加工业	0.035	0.067	自主创新超前	0.047	0.108	自主创新超前
橡胶制品业	0.068	0.057	外资研发超前	0.088	0.060	外资研发超前
非金属矿物制品业	0.055	0.056	同步型	0.075	0.066	外资研发超前
金属制品业	0.056	0.060	自主创新超前	0.071	0.070	同步型
塑料制品业	0.074	0.050	外资研发超前	0.079	0.053	外资研发超前
纺织业	0.073	0.051	外资研发超前	0.051	0.079	自主创新超前
饮料制造业	0.048	0.071	自主创新超前	0.068	0.062	同步型
文教体育用品制造业	0.075	0.079	同步型	0.083	0.040	外资研发超前
造纸及纸制品业	0.061	0.042	外资研发超前	0.073	0.046	外资研发超前
食品制造业	0.041	0.054	自主创新超前	0.067	0.050	外资研发超前
家具制造业	0.079	0.075	同步型	0.074	0.040	外资研发超前
石油加工、炼焦及核燃料加工业	0.054	0.057	同步型	0.036	0.078	自主创新超前
皮革、毛皮、羽毛（绒）及其制品业	0.091	0.045	外资研发超前	0.056	0.055	同步型
纺织服装、鞋、帽制造业	0.064	0.042	外资研发超前	0.081	0.027	外资研发超前
工艺品及其他制造业	0.110	0.042	外资研发超前	0.056	0.051	同步型
农副食品加工业	0.039	0.042	自主创新超前	0.054	0.051	同步型
木材加工及木、竹、藤、棕、草制品业	0.088	0.037	外资研发超前	0.054	0.046	外资研发超前
印刷业和记录媒介的复制	0.053	0.039	外资研发超前	0.051	0.040	外资研发超前

数据来源：由于 2008 年后《中国统计年鉴》进行了统计指标调整，无法获得区分内外资的 28 个工业行业科技创新活动的数据，因此本章对 28 个工业行业的分析只考虑到 2008 年。

1. 外资研发系统综合发展水平

对比2004年及2008年前后发展数据，大部分工业外资研发系统的综合发展水平有所提升，排在前三名的产业分别为通信设备、计算机及其他电子设备制造业，交通运输设备制造业，电气机械及器材制造业，分别增加72%、46%、66%，这主要是因为这三类产业都属于高端制造行业，具有技术、知识高密集度，附加值高，带动性强等特点，是国家近几年来重点支持和鼓励发展的产业，也是国家需求量较大的行业，同时期外资政策也比较注重鼓励高质量的外资流入，以期带动本国内资技术创新水平的提升，并满足人们较高水平的生活需求，于是该类产业的外资企业纷纷进入中国，与内资企业共同抢占中国市场，在不断研发创新的过程中推动了外资研发系统的综合发展水平的提升。

相比上述三类产业，外资研发系统发展水平提升较快的产业还有专业设备制造业、食品制造业、医药制造业、饮料制造业、通用设备制造业等，增速均超过30%，这几个产业的外资行业偏向指数均大于1，说明也是外商投资比较偏向的行业，2008年以前，该类产业外资研发人员占从业人员比及科研经费投入占主营业务比不如内资企业，但经营效益和盈利能力显著高于内资企业，虽然2008年之前该类行业的外资企业的生产技术处于高端，但在我国总体的科技投入还比较薄弱，然而随着中国自主创新战略的提出以及对国家核心创造力的培养，内资企业与外资企业形成了较为激烈的竞争，外资企业也开始进一步加大研发力度，因而使该类产业的外资研发水平在较短的时间内有了较大的提升。

另外，出现系统发展水平增长缓慢，甚至负增长的产业主要集中在传统工业行业，如工艺品及其他制造业，木材加工及木、竹、藤、棕、草制品业，皮革、毛皮、羽毛（绒）及其制品业，石油加工、炼焦及核燃料加工业，纺织业，塑料制品业等，该类产业往往具有劳动、资本密集，研发成本高，投资效益低等特点，因而不受外商直接投资企业的青睐，随着国家对新兴产业的支持，外资研发企业更多地投资于高端新兴产业，造成传统工业人才流失严重，研发能力不足等问题，因此，这些产业在本身外资研发系统发展水平不高的基础上，又出现了一定程度的下滑，如图 5-1 所示。

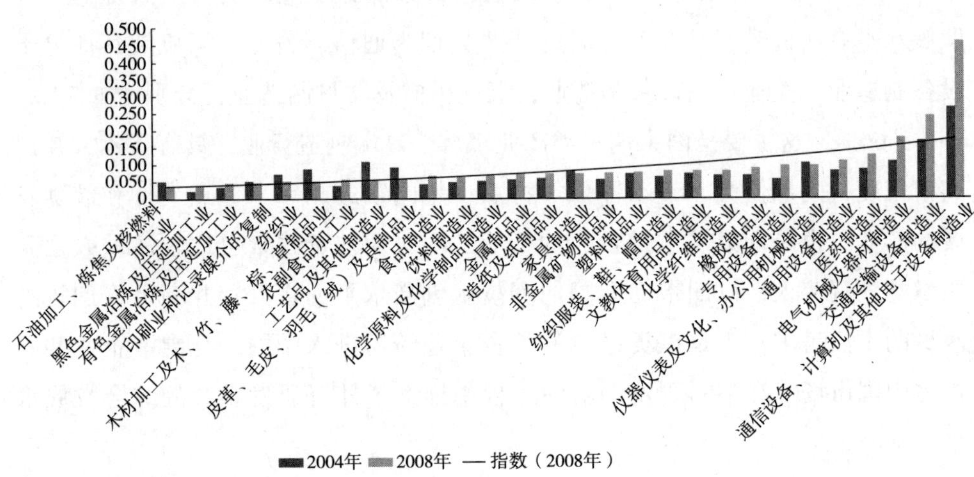

图 5-1 2004 年及 2008 年中国 28 个工业行业外资研发系统综合发展水平

2. 自主创新系统综合发展水平

与外资研发系统综合发展水平相同，自主创新系统综合发展水平整体有所提升，且排在前三名的仍然为通信设备、计算机及其他电子设备制造业，交通运输设备制造业，电气机械及器材制造业三个产业，且这三个产业自主创新系统综合发展水平的增长幅度都高于外资研发系统，这说明该类高技术新兴产业在国家自主创新战略支撑下得到飞速发展，也体现了自主创新系统与外资研发系统相互耦合效应下的共同进步，使该类产业研发系统的综合发展水平一直领先于其他行业。

自主创新系统综合发展水平增幅超过 30%的产业有黑色金属冶炼及压延加工业，化学原料及化学制品制造业，通用设备制造业，专用设备制造业，医药制造业，仪器仪表及文化、办公用机械制造业，有色金属冶炼及压延加工业，纺织业，化学纤维制造业，石油加工、炼焦及核燃料加工业 10 个产业，其中除了专用设备制造业和医药制造业外，其他 8 个制造业自主创新系统的综合发展水平增长率均大幅高于外资研发系统，这些产业类中的一些细分产业虽然受到国家外资限制类的保护，但从一方面也反映出了国家实施自主创新战略的成效，但因该类产业内资企业技术不成熟，不能直接吸收外来技术，与外资研发企业形成高效的互动，因而导致该类产业整体研发处于中等水平。

与外资研发系统综合发展水平在传统工业里的下滑相反，自主创新系统的综合发展水平有所提升，如皮革、毛皮、羽毛（绒）及其制品业，木材加工及木、竹、藤、棕、草制品业，工艺品及其他制造业，印刷业和记录媒介的复制等，这主要是因为相比于外商研发投资基金倾向于选择互联网、新能源、医疗健康等新兴的高科技产业，本土创新投资基金更倾向于选择拥有稳健基础的传统工业行业，这对传统工业自主创新水平的提升提供了很大的资金支撑，从而对内资企业技术创新水平的提升有很大的帮助。但由于传统工业技术水平有限，因而该类产业自主创新系统的综合发展水平仍然不高。同时，相比外资研发系统的综合发展水平在食品制造业，饮料制造业，纺织服装、鞋、帽制造业，文教体育用品制造业 4 个产业中的提升，自主创新系统的综合发展水平是下降的，且这 4 个产业的自主创新发展相对于其他产业的发展一直是比较滞后的。实际上，从 20 世纪 90 年代起，该类产业的外资产值比重及产品销售收入都占到 60%以上，在整个产业中占主导地位，且随着该类产业的外资企业在新产品市场的垄断及新技术领域的封锁，一定程度上造成了内资企业的技术依赖，抑制了内资企业自主创新水平的提升，因而导致该类产业份额的下降及自主创新系统综合发展水平的下降。

家具制造业是唯一一个两个系统综合发展水平都出现下滑的产业，这主要是因为家具制造业属于劳动密集型产业，21 世纪初，外资企业大量进入，利用中国低廉的劳动力、原材料及能源，以降低生产成本，追求高额利润。2004 年左右，家具产值利润维持在 4%左右，相对于其他产业利润率偏低，因此在一定程度上打击了外资企业进行研发的积极性，导致外资研发系统的发展水平有所下滑；中国家具制造业缺乏独立核心的技术，大多停留在模仿阶段，且企业存在散、乱、差的特点，没有形成规模化经营，行业集中度低，随着外资研发行为的减少，自主创新系统的综合发展水平出现更大程度的下滑，如图 5-2 所示。

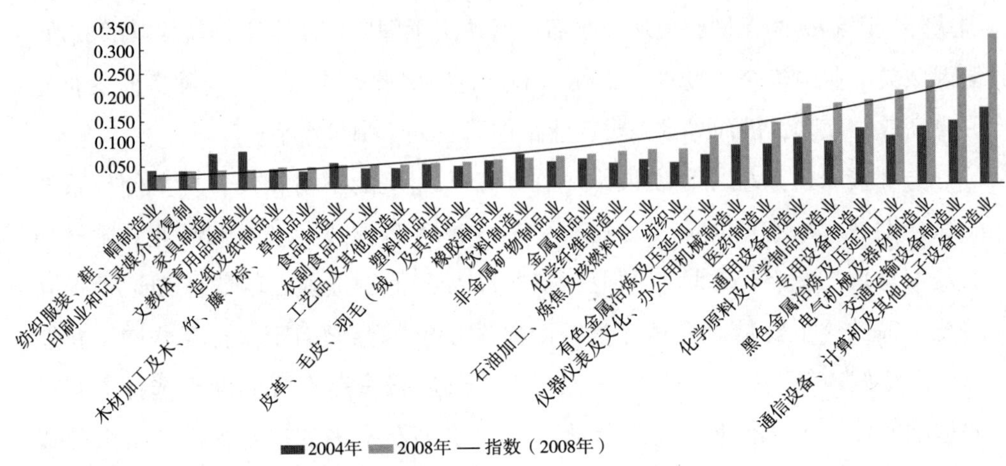

图 5-2　2004 年及 2008 年中国 28 个工业行业自主创新系统综合发展水平

在探析各产业外资研发系统与自主创新系统的综合发展水平时，研究各指标对产业研发系统发展的贡献度，发现对系统贡献度较大的指标主要有新产品销售收入、企业 R&D 经费投入、企业 R&D 人员投入、发明创造专利申请量 4 个指标，2008 年 4 类指标的贡献率均集中在 5.6%~12%，且 4 类指标对整个研发系统的总贡献率超过 55%（见表 5-4），但 4 类指标对外资研发系统的贡献率均超过自主创新系统，这一方面反映出研发经费、人员投入、新产品销售及专利产出对产业研发系统的重要性，另一方面也可以看出自主创新系统仍有较大的发展空间。

表 5-4　各指标对产业研发系统的贡献度

指标	2008 年	2004 年
外资企业新产品销售收入	0.112	0.108
外资企业 R&D 经费投入	0.073	0.084
外资企业 R&D 人员全时当量	0.065	0.068
外资企业发明创造专利申请量	0.088	0.059
内资企业新产品销售收入	0.055	0.053
内资企业 R&D 经费投入	0.056	0.051
内资企业 R&D 人员全时当量	0.055	0.047
内资企业发明创造专利申请量	0.056	0.041

3. 外资研发与自主创新系统的耦合发展类型

由实证结果分析可知，2008 年相对于 2004 年，自主创新超前型产业有所增加，由 10 个增加为 11 个；外资研发超前型产业有所减少，由 13 个变为 12 个，外资研发与自主创新同步型的产业数量没有发生改变，仍是 5 个，如图 5-3所示。

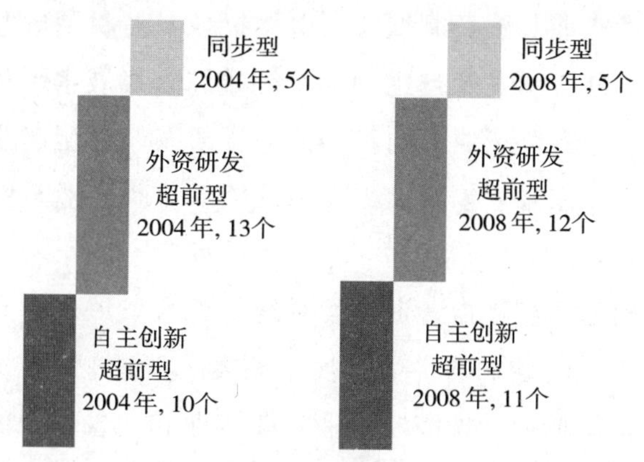

图 5-3　2004 年、2008 年中国 28 个工业行业耦合发展类型

其中，自主创新超前型产业是指自主创新系统综合发展水平超过外资研发系统的综合发展水平的产业，截至 2008 年底，属于这一类产业的有黑色金属冶炼及压延加工业，化学原料及化学制品制造业，有色金属冶炼及压延加工业，石油加工、炼焦及核燃料加工业，纺织业，通用设备制造业，医药制造业，交通运输设备制造业等 10 个产业。其中黑色金属冶炼及压延加工业自主创新系统的综合发展水平远高于外资研发系统，这主要是因为该产业属于国家的基础产业，内资企业固定资产占比 90%左右，加上该产业属于劳动密集型产业，盈利能力低，外资研发倾向度低，使得该类产业一直属于自主创新超前型产业，在国家新型工业建设战略的驱动下，自主创新系统的综合发展水平也取得有序度的增加。仪器仪表及文化、办公用机械制造业和纺织业由 2004 年的外资研发超前型转型为自主创新超前型产业，其中仪器仪表及文化、办公用机械制造业中内资企业在与外资研发企业竞争的过程中，逐步提升自主研发水平，逐步使一批拥有自主知识产权的产品代替进口，加之国家对仪器仪表行业的大力支持，使该行业于 2008 年发展成自主创新主导型产业。纺织业属于我国传统的轻工业，但因 2001 年中国加入 WTO 及市场的开放，受到外商投资经济的严重冲击，虽然到 2004 年内资企业数仍占绝大多数，但却只占据了纺织业中低端产业链的市场，随着国家对民族产业的进一步转型推动发展，以及外资企业研发创新活动的减少，纺织业也逐渐变成了自主创新主导型的产业。医药制造业、电气机械及器材制造业和交通运输设备制造业三个产业外资研发及自主创新系统的综合发展水平都较高，且两者发展水平相差较小，三个产业由同步型或外资研发超前型产业变为自主创新超前型产业主要是国家自主创新大力支撑战略及该类产业某些细分行业受到外商投资限制的结果。

外资研发超前型产业是指外资研发系统的综合发展水平高于自主创新系统发展水平的产业，截至 2008 年底，属于该类产业的主要有通信设备、计算机及其他电子设备制造业，橡胶制造业，印刷业和记录媒介的复制，纺织服装、鞋、帽制造业等 12 个产业。其中纺织服装、鞋、帽制造业，造纸及纸制品业，塑料制品业，橡胶制品业，印刷业和记录媒介的复制，木材加工及木、竹、藤、棕、草制品业，化学纤维制造业，通信设备、计算机及其他电子设备制造业 8 个产业在 2004 年及 2008 年均属于外资研发超前型产业，外资研发主导地位没有发生改变。而其他 4 个产业则由自主创新超前型或同步型转型为外资研发超前型，主要是因为四类行业都是外资研发企业偏向选择的行业，且外资企业在该类行业中掌控更多的技术和市场资源，虽然得到国家自主创新发展的支持，但自主创新系统仍与外资研发有一定的发展差距。

外资研发与自主创新同步型产业，即该类产业外资研发系统的综合发展水平与自主创新系统基本同步，2008 年属于该类产业的有金属制品业，饮料制造业，皮革、毛皮、羽毛（绒）及其制品业，工艺品及其他制造业和农副食品加工业。其中金属制品业及农副食品加工业在外资研发系统得到持续发展的同时，自主创新系统也在适度发展，外资研发与自主创新相得益彰；皮革、毛皮、羽毛（绒）及其制品业和工艺品及其他制造业外资研发系统发展水平有所下滑，反而与自主创新系统形成同步发展，同理，因外资市场挤压而导致自主创新系统发展水平下滑的饮料制造业，也与外资研发系统形成同步发展，但很明显的是，该类产业两系统存在较低水平的耦合协调发展。

（二）中国工业外资研发与自主创新的耦合协调度分析

根据耦合模型及耦合协调度模型，计算 2004 年和 2008 年中国 28 个工业行业外资研发系统与自主创新系统的耦合度及耦合协调度，并通过系统聚类分析得出每个产业的耦合发展类型，实证结果如表 5-5 所示。

表 5-5　2004 年及 2008 年中国工业外资研发与自主创新系统的耦合协调发展情况

产业	2004 年			2008 年		
	C	D	耦合协调阶段	C	D	耦合协调阶段
通信设备、计算机及其他电子设备制造业	0.971	0.467	Ⅱ	0.984	0.626	Ⅰ
交通运输设备制造业	0.995	0.393	Ⅲ	1.000	0.497	Ⅱ
电气机械及器材制造业	0.998	0.338	Ⅲ	0.994	0.445	Ⅱ
通用设备制造业	0.993	0.299	Ⅳ	0.975	0.368	Ⅲ
医药制造业	1.000	0.296	Ⅳ	1.000	0.363	Ⅲ
纺织业	0.984	0.349	Ⅲ	0.977	0.357	Ⅲ
专用设备制造业	0.931	0.277	Ⅳ	0.948	0.356	Ⅲ
仪器仪表及文化、办公用机械制造业	0.997	0.310	Ⅳ	0.989	0.330	Ⅲ
化学原料及化学制品制造业	0.959	0.257	Ⅳ	0.899	0.322	Ⅲ
黑色金属冶炼及压延加工业	0.769	0.209	Ⅳ	0.722	0.282	Ⅳ
化学纤维制造业	0.991	0.244	Ⅳ	0.999	0.282	Ⅳ
橡胶制品业	0.996	0.252	Ⅳ	0.982	0.272	Ⅳ
非金属矿物制品业	1.000	0.235	Ⅳ	0.998	0.267	Ⅳ
金属制品业	0.999	0.241	Ⅳ	1.000	0.266	Ⅳ
有色金属冶炼及压延加工业	0.948	0.214	Ⅳ	0.920	0.261	Ⅳ
塑料制品业	0.980	0.251	Ⅳ	0.982	0.257	Ⅳ
饮料制造业	0.980	0.237	Ⅳ	0.999	0.255	Ⅳ
文教体育用品制造业	1.000	0.276	Ⅳ	0.940	0.245	Ⅳ
造纸及纸制品业	0.983	0.228	Ⅳ	0.976	0.244	Ⅳ
食品制造业	0.990	0.214	Ⅳ	0.989	0.242	Ⅳ

续表

产业	2004年			2008年		
	C	D	耦合协调阶段	C	D	耦合协调阶段
家具制造业	1.000	0.278	Ⅳ	0.955	0.238	Ⅳ
皮革、毛皮、羽毛（绒）及其制品业	0.940	0.260	Ⅳ	1.000	0.236	Ⅳ
工艺品及其他制造业	0.894	0.271	Ⅳ	0.999	0.232	Ⅳ
农副食品加工业	0.999	0.201	Ⅳ	0.999	0.230	Ⅳ
木材加工及木、竹、藤、棕、草制品业	0.913	0.247	Ⅳ	0.997	0.225	Ⅳ
石油加工、炼焦及核燃料加工业	1.000	0.234	Ⅳ	0.929	0.225	Ⅳ
纺织服装、鞋、帽制造业	0.977	0.232	Ⅳ	0.866	0.223	Ⅳ
印刷业和记录媒介的复制	0.988	0.216	Ⅳ	0.993	0.214	Ⅳ

数据来源：由于2008年后《中国统计年鉴》进行了统计指标调整，无法获得区分内外资的28个工业行业科技创新活动的数据，因此本章对28个工业行业的分析只考虑到2008年。

通过对28个工业行业外资研发系统与自主创新系统的耦合度与耦合协调度的分年度测算，大体上能够反映出中国产业研发活动中外资研发与自主创新耦合协调发展的总体特征：①从耦合度C值来看，除黑色金属冶炼及压延加工业，纺织服装、鞋、帽制造业和化学原料及化学制品制造业三个产业处于磨合阶段外，其他25个工业行业的外资研发与自主创新系统的耦合度在2004~2008年都处于0.8~1.0，属于较高强度的耦合阶段，甚至个别产业如金属制品业，交通运输设备制造业，皮革、毛皮、羽毛（绒）及其制品业和医药制造业的耦合强度达到最大，说明此时中国工业的外资研发系统与自主创新系统彼此间正产生高效的互动以寻求综合效益的最大化。②从耦合协调度D值看，2008年处于高度协调发展阶段的产业只有通信设备、计算机及其他电子设备制造业1个产业，处于中度协调发展阶段的则有交通运输设备制造业和电气机械及器材制造业2个产业，其余的25个产业的耦合协调度为0.2~0.4，属于低度协调的耦合，这说明产业研发系统整体协调发展水平还不高。但从时序发展看，大部分工业外资研发与自主创新的耦合协调度都有一定程度的提升，个别产业如家具制造业，文教体育用品制造业和皮革、毛皮、羽毛（绒）及其制品业出现小幅度的下滑。③此外，根据耦合协调度聚类分析得到的四种耦合发展类型看，相比2004年，相对协调型的产业明显增加，其中高度协调型（Ⅰ）产业由0个增加为1个，耦合高效型（Ⅱ）及潜力发展型产业（Ⅲ）也分别由1个、3个增加为2个、6个，拮抗滞后型（Ⅳ）产业则由24个减少为19个（如图5-4所示），这说明中国各工业外资研发与自主创新系统的双向耦合效应使整体产业研发创新的水平得到大幅提升。

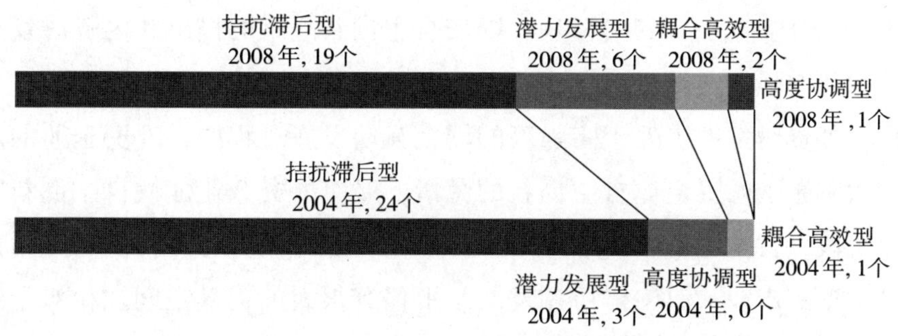

图5-4　2004年及2008年中国工业耦合发展类型对比

（三）具体产业外资研发与自主创新的协调发展情况

从具体产业的耦合协调发展情况看，不同产业的耦合协调发展水平仍有较大的差别。其中通信设备、计算机及其他电子设备制造业的耦合协调度一直处于领先地位，且2008年相对于2004年有一个较大水平的提高，耦合发展类型也由耦合高效型（Ⅱ）产业变为高度协调型（Ⅰ）产业，这主要是因为通信及计算机行业属于高度知识密集型行业，技术更迭速度快，在近几年的飞速发展中，国外先进技术的进驻与内资企业的研发创新也进行激烈的思想碰撞与技术交流，随着产业自主创新能力的提高，也实现了该产业外资研发系统与自主创新系统的高度协调与发展。此时，交通运输设备制造业及电气机械及器材制造业两个产业的外资研发与内资自主创新两系统也正相互促进、协调发展、互利共赢，逐步由潜力发展型（Ⅲ）产业升级为耦合高效型

（Ⅱ）产业。三类产业皆属于技术、知识高度密集型产业，外资研发企业的进入大大加强了国内市场竞争的激烈程度，进而激励内资企业不断改革创新，争夺市场份额。三个产业耦合度及耦合协调度都在逐年提高，表明这三个知识密集型产业正积极整合内外部发展资源，优化自身，积极把握发展时机，努力探索向更高效化、科技化、信息化的方向发展，因此，在一定范围内鼓励外资研发介入水平提高将使该类产业达到一个新的高度。

通用设备制造业，医药制造业，专用设备制造业，仪器仪表及文化、办公用机械制造业和化学原料及化学制品制造业 5 个产业的内外资研发系统在 2004 年时处于拮抗失调滞后阶段，随着自主创新战略的提出和内资研发自主创新能力的增强，已逐步跻身于潜力发展型（Ⅲ）产业。该类产业的自主创新系统与外资研发系统处于高强度的耦合互动发展过程中，外资企业的研发行为大大刺激了内资企业自主创新的激情，促使内资企业加快自主创新的步伐，该阶段，自主创新能力的提升也使该类产业在 2008 年时都发展成为自主创新超前型的产业，但整体协调发展水平仍有很大的提升空间。相对于这几个产业，纺织业发展较为稳定，内外资研发系统一直处于高强度低协调发展阶段，这是由于该类产业的技术不够成熟，外资研发企业的进入在一定程度上遏制了内资企业的成长，使得内外资企业不能够充分发挥技术溢出效应、带动效应，实现联合效用的最大化。虽然这几个产业内外资研发系统的作用强度并未有太多的提高，但整体的协调性是在逐步上升的，如果合理控制内外资研发企业的竞争比例，并注重整体研发水平的提升，该类产业将会保持一个强劲的发展势头。

此外，在国家提出自主创新战略的大背景下，大家过度注重提高高技术产业的自主研发创新能力，同时对传统产业的关注有些许怠慢，如皮革、毛皮、羽毛（绒）及其制品业和家具制造业等 7 个产业外资研发系统与自主创新系统的协同发展效应出现下滑现象，如图 5-5 所示。而目前中国所进行的产业结构优化升级，不仅包括产业结构的合理性，更包括产业结构的高级化，只有在全产业共同提高的前提下，才能真正提高经济和社会发展水平以及人民物质文化水平。截至 2008 年底，石油加工、炼焦及核燃料加工业，农副食品加工业，非金属矿物制品业，饮料制造业，印刷业等 19 个产业的外资研发与内资自主创新两系统仍处于中高强度低协调耦合阶段，说明该类产业的自主创新系统与外资研发系统保持了较高强度的耦合互动，但整体研发水平仍是较低的。近年来，传统产业人才资源流失严重，发展动力不足，外资研发资源的增加进一步抑制了内资企业的发展，为保护本土民族品牌，增强自身竞争力，本土企业应充分利用区域优势，积极汲取外来技术与管理经验，努力探索与创新；同时，在传统工业行业中，政府应严格限制外资研发企业大量涌入，制定相关政策激励内资企业进行自主创新，增强自身竞争力，进而实现内外资源协调高效的发展。

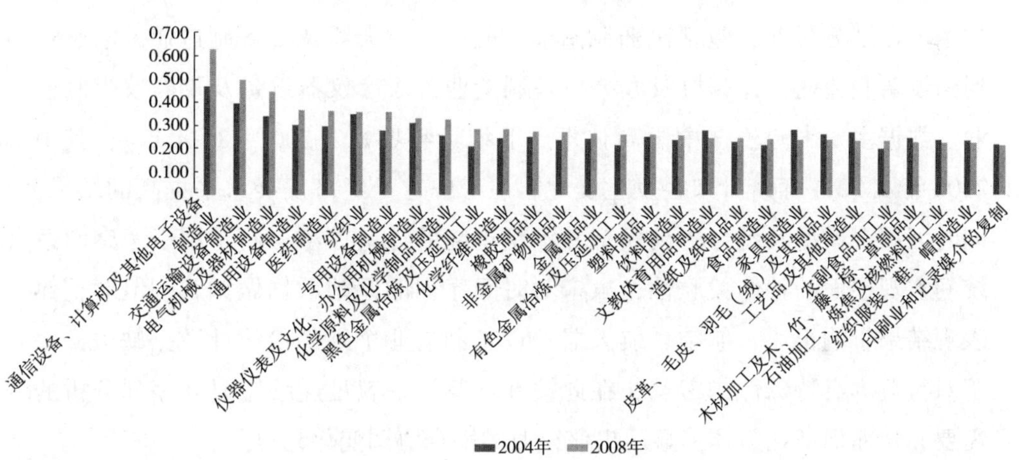

图 5-5　2004 年及 2008 年中国 28 个工业行业外资研发与自主创新的协调发展度

对中国 28 个工业行业外资研发与自主创新的耦合评价结论基本上与现实发展状况相契合，实证检验结果能够符合预期，较好地反映出中国产业研发系统中外资研发与自主创新的发展水平及其互动特征，这也证明了基于耦合理论的耦合评价方法可以用来解析各产业研发系统中外资研发与自主创新的协调发展状况，同时基于中国 28 个工业行业外资研发与自主创新耦合评价的实证检验结果可知，高技术产业的外资研发与自主创新耦合协调发展程度最为突出。

三、对高技术产业的耦合协调分析

对28个工业行业外资研发与自主创新的耦合评价结果显示，虽然大多数产业的外资研发与自主创新系统的耦合协调水平还处于较低阶段，但高技术产业相对于传统工业耦合效果更好，且逐年提高的态势表现得尤为明显。因此，进一步对高技术产业的5个细分行业进行更加深入的耦合协调分析，探析中国高技术产业的各个细分行业产业研发系统中内外资协调发展现状及时序变化，对于了解和把握其外资研发与自主创新的耦合协调特征有着更直接的作用。

依据《中国高技术产业统计年鉴》对高技术产业的分类，确定了5个高技术产业细分行业，包括医药制造业，航空、航天器及设备制造业，电子及通信设备制造业，计算机及办公设备制造业，医疗仪器设备及仪器仪表制造业。数据主要来源于《中国高技术产业统计年鉴》（2001~2014年），其中2006年及2011年统计口径发生变化，但考虑这是经济发展水平提高的结果，同时因耦合模型及耦合协调模型并不是单纯的计量模型，而是用于考察两系统间宏观层面的整体关联性，虽未对时间序列的原始数据做调整，但对整体表现结果影响很小；航空、航天器及设备制造业个别年份统计数据缺失，基于对行业本身特殊性的考量，在此按0计算，以满足连续性时间序列分析的需要，从而保证在整体上显示出该行业的耦合协调变化趋势。

由耦合模型及耦合协调模型得到5个高技术产业外资研发系统与自主创新系统的实证结果，如表5-6所示。

（一）高技术产业外资研发系统和自主创新系统综合发展水平

图5-6显示出中国5个高技术产业2000~2013年外资研发系统与自主创新系统综合发展水平的变化趋势。从两系统各自的发展情况看，自2000年起，除航空、航天器及设备制造业外的4个高技术产业的$U_{外}$及$U_{内}$值呈逐渐增大趋势，虽然其中个别年份出现轻微的波动，但整体上，中国高技术产业外资研发系统与自主创新系统的综合发展水平在提升，且各高技术产业研发系统都保持一个良好的发展势头，预示着更进一步的发展空间。此外，各产业

表 5-6 5 个高技术产业重点年份外资研发与自主创新系统的耦合协调发展类型

产业	2012 年						2008 年					
	$U_{外}$	$U_{内}$	C	D	协调阶段	发展类型	$U_{外}$	$U_{内}$	C	D	协调阶段	发展类型
电子及通信设备制造业	0. 348	0. 268	0. 992	0. 559	Ⅰ	外资研发超前	0. 236	0. 153	0. 977	0. 441	Ⅱ	外资研发超前
计算机及办公设备制造业	0. 375	0. 058	0. 682	0. 410	Ⅱ	外资研发超前	0. 257	0. 047	0. 721	0. 344	Ⅱ	外资研发超前
医药制造业	0. 133	0. 153	0. 998	0. 375	Ⅱ	自主创新超前	0. 092	0. 126	0. 988	0. 326	Ⅱ	自主创新超前
医疗仪器设备及仪器仪表制造业	0. 117	0. 141	0. 996	0. 355	Ⅱ	自主创新超前	0. 084	0. 119	0. 985	0. 313	Ⅱ	自主创新超前
航空、航天器及设备制造业	0. 019	0. 172	0. 601	0. 221	Ⅲ	自主创新超前	0. 070	0. 183	0. 894	0. 327	Ⅱ	自主创新超前

产业	2004 年						2000 年					
	$U_{外}$	$U_{内}$	C	D	协调阶段	发展类型	$U_{外}$	$U_{内}$	C	D	协调阶段	发展类型
电子及通信设备制造业	0. 196	0. 103	0. 951	0. 383	Ⅱ	外资研发超前	0. 135	0. 078	0. 963	0. 328	Ⅱ	外资研发超前
计算机及办公设备制造业	0. 162	0. 064	0. 902	0. 327	Ⅱ	外资研发超前	0. 172	0. 051	0. 841	0. 322	Ⅱ	外资研发超前
医药制造业	0. 053	0. 102	0. 948	0. 267	Ⅲ	自主创新超前	0. 078	0. 065	1. 000	0. 244	Ⅲ	外资研发超前
医疗仪器设备及仪器仪表制造业	0. 084	0. 079	1. 000	0. 285	Ⅲ	外资研发超前	0. 058	0. 061	0. 996	0. 269	Ⅲ	自主创新超前
航空、航天器及设备制造业	0. 007	0. 192	0. 376	0. 184	Ⅳ	自主创新超前	0. 093	0. 078	0. 996	0. 294	Ⅱ	外资研发超前

注：由于篇幅有限，本表格仅显示其中具有代表性的四年的数据。

研发系统发展水平波动年份大都出现于相近的年份，表明各产业研发系统的发展状态不仅取决于各高技术产业自身发展的特点与趋势，也与当年外资产业发展政策具有一定的关联。在 5 个高技术产业研发系统的发展过程中，电

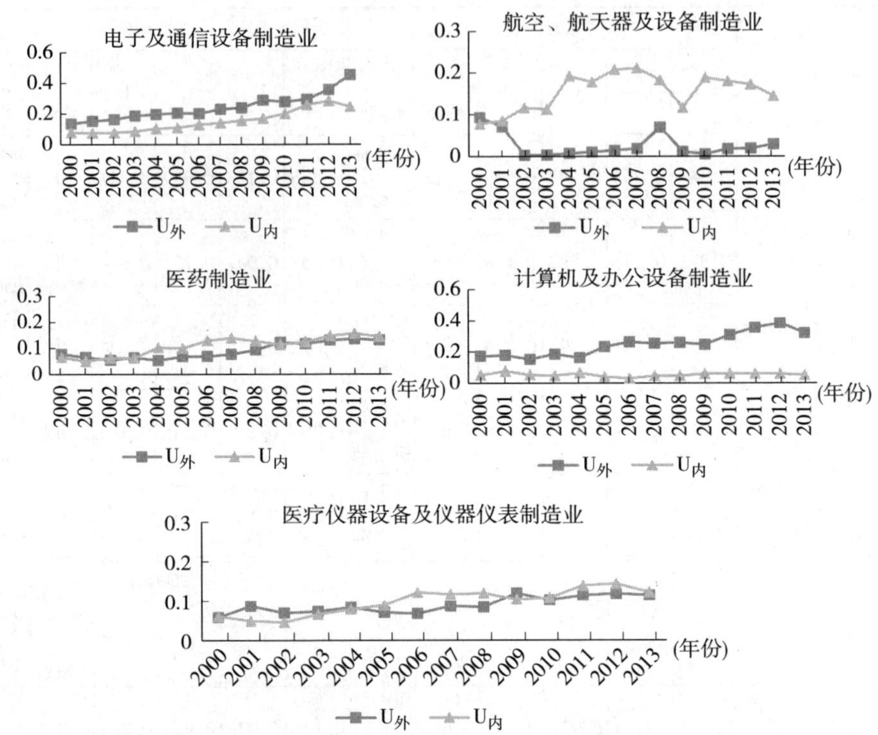

图 5-6 中国高技术产业 2000~2013 年外资研发系统与自主创新系统综合发展水平变化

子及通信设备制造业和计算机及办公设备制造业的外资研发系统始终处于领先地位，但自主创新系统的发展趋势却有不同的表现，电子通信制造业自主创新系统紧跟外资研发系统的发展水平，且差距趋于逐步缩小，而计算机办公设备制造业自主研发水平发展缓慢，却逐渐拉大了与外资研发系统的差距，这也从侧面反映出高技术产业自主创新系统仍有更进一步的提升空间。医药制造业、医疗设备仪器仪表制造业的外资研发与自主创新系统的发展水平比较接近，且都处于稳步发展的阶段，但两个子系统都处于一个较低的发展水平状态。出现较大波动的航空、航天器及设备制造业，主要是受到产业自身发展特点及国家战略性产业导向的影响，自主创新系统发展水平并未低于所有其他高技术产业，但外资研发系统发展态势较为缓慢。此外，各高技术产业外资研发系统及自主创新系统在 2013 年均出现了小幅度的下滑，这跟全球工业经济进入新常态化发展有一定的关联，也说明高技术产业不论是外资研发系统还是自主创新系统，都应该积极地加快转型创新步伐，从而抢占新一轮的技术制高点。

由实证结果分析可知，2005 年以前，5 个高技术产业中有 3~4 个处于强势的外资研发超前状态，但由于各产业研发投入不足、产业技术低下、人才储备不足等原因，导致该时段该类高技术产业外资研发系统与自主创新系统综合发展水平都较低，且两系统的协调发展水平不高，但随着对外开放政策的进一步实施，外资研发企业大量涌入，主要渗透于技术含量高、附加值高的产业，尤其是资本、技术密集型的电子信息行业，虽然在进入伊始对内资企业研发活动产生一定的挤出效应，但其技术及知识外溢效应的逐步显现，也给内资研发创新活动带来了新的机遇与活力，外资研发系统的示范和带动作用也促进了内资企业整体自主创新水平的提高；2005 年以后，自主创新超前型产业增加为 3 个，表明我国自主创新水平在全球经济大环境的影响下正逐步平稳的提升。目前，高技术产业的外资研发系统与自主创新系统都进入飞速发展期，且各行业的研发环境大都处于一个较高的内外资耦合协调发展水平之上，该时期在一定程度上得益于国家对高技术产业自主创新活动方面的鼓励与扶持政策。

（二）高技术产业外资研发系统和自主创新系统耦合度及耦合协调度

图 5-7 和图 5-8 分别反映了 2000~2013 年中国 5 个高技术产业外资研发与自主创新系统耦合度及耦合协调度的变化情况。首先，从耦合度 C 值看，自 2000 年以来，除航空、航天器及设备制造业以外，电子及通信设备制造业、计算机及办公设备制造业、医药制造业、医疗仪器设备及仪器仪表制造业 4 个高技术产业外资研发与自主创新系统的耦合度 C 值一直处于 0.6~1.0，表明近年来中国高技术产业外资研发与自主创新系统的发展一直处于良性或较高水平的耦合阶段。其中电子及通信设备制造业、医药制造业、医疗仪器设备及仪器仪表制造业耦合作用较强，耦合度稳中有增但变化不大；计算机

及办公设备制造业与航空、航天器及设备制造业耦合度值在2002~2003年出现大幅下滑现象，且随后出现一定程度的波动，目前，计算机及办公设备制造业耦合强度出现下降趋势，而航空、航天器及设备制造业系统耦合强度趋于加强。

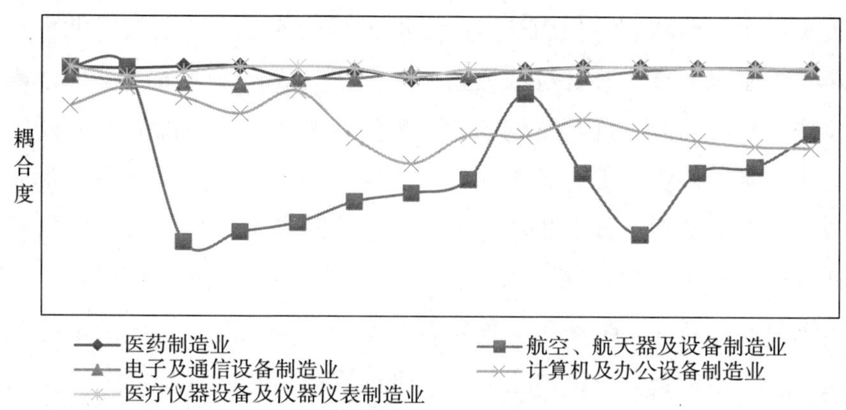

图5-7　2000~2013年中国高技术产业外资研发与自主创新系统的耦合度变化

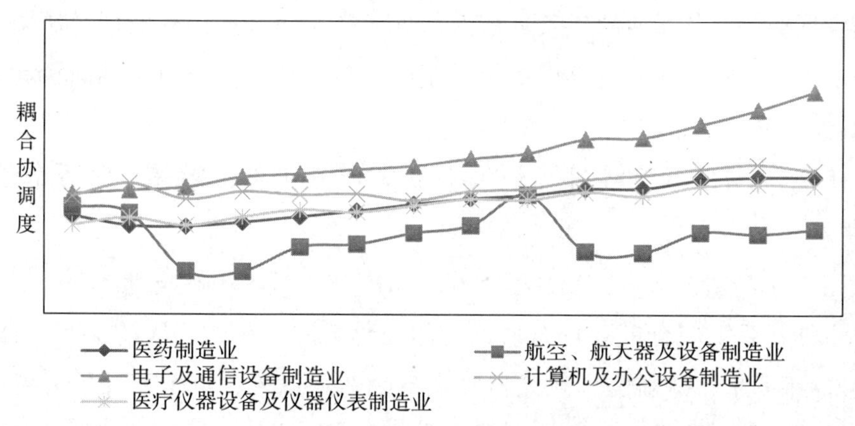

图5-8　2000~2013年中国高技术产业外资研发与自主创新系统的耦合协调度变化

其次，从耦合协调度D值看，5个高技术产业外资研发与自主创新系统的耦合协调度D值在2000~2002年大都有稍许下降，但自2002年起，除航空、航天器及设备制造业外，其他4个高技术产业的耦合协调度D值虽在个别年份出现小幅波动，但整体上都为增长趋势，表明各高技术产业的外资研发系统与自主创新系统协同发展水平在逐步提升，其中，电子及通信设备制造业一直处于领先地位；计算机及办公设备制造业、医药制造业和医疗仪器设备及仪器仪表制造业处于快速增长阶段。航空、航天器及设备制造业在2002年及2008年出现较大幅度的波动，如图5-7所示，但之后的发展较为稳定，反映出这类关系国家安全和国民经济命脉的战略产业，对外开放度受国家宏观调控政策的影响较大，很难呈现出具有市场规律性的发展特征。

由实证结果分析可知（见图5-8），2006年以前，医药制造业，医疗仪器设备及仪器仪表制造业和航空、航天器及设备制造业外资研发与自主创新系统的耦合基本都属于Ⅲ、Ⅳ类型，即潜力发展型和拮抗滞后型，表明3个高技术产业外资研发与自主创新系统的要素间尚未形成高效互动机制，从而难以呈现协同发展的局面；2006年以后，除航空、航天器及设备制造业外，4个高技术产业已逐步转型为Ⅰ类型和Ⅱ类型，即耦合高效型和高度协调型产业，显示出了外资研发与自主创新系统持续耦合协调发展的趋势。其中电子及通信设备制造业的外资研发与自主创新系统的耦合协调发展较好，其耦合协调度D值在同时段一直优于其他高技术产业，属于第一梯队快速发展行业，目前已属于高度协调型产业，且其整体耦合协调发展水平仍继续呈现出快速发展态势。计算机及办公设备制造业和医药制造业及医疗仪器设备制造业属于第二梯队稳步发展行业，该类高技术产业已逐步由拮抗滞后型产业转型为潜力发展型产业。航空、航天器及设备制造业相对其他高技术产业协调发展水平较为落后，除2008年外，2001年以来该产业外资研发与自主创新系统的发展一直处于拮抗滞后阶段，但目前两系统协调发展水平较为稳定，在5类高技术产业研发创新系统的协调发展态势中处于第三梯队。

（三）对具体高技术产业的耦合评价

电子及通信设备制造业、计算机及办公设备制造业都属于高资本、高知识、高技术密集型的电子信息行业，是中国国民经济的重要支柱产业，同样也是最受外商资本信赖的行业，外商投资份额一度超过50%，两个产业自2000年以来一直属于外资研发超前型产业，且电子及通信设备制造业相对于计算机及办公设备制造业耦合协调发展水平更好一些。在该两类产业发展的过程中，外资研发企业占绝对优势，且处于较高的发展水平。外资研发系统的综合发展水平高于自主创新的水平，这主要是由于相关行业的内资企业的人力、资本不足，技术落后，甚至不能吸收先进外资研发企业所带来的技术、知识外溢效应，最终处于全球电子信息产业链的末端，研究开发一些技术含量较低的产品，主要表现在通信设备制造、电子元器件制造、计算机整机及外围设备等细分行业上，但在 2010 年后，随着自主创新系统综合发展水平的提升，两者系统的差距正在逐步缩小，并有趋同发展趋势。目前，两个产业的外资研发与自主创新系统在一个较高协调发展水平的状态下进行耦合，但由于自主创新能力不足及对国外技术的依赖性，产业很容易受到他国经济波动的影响，如计算机及办公设备制造业研发创新系统的耦合强度在 2007 年、2010 年等年份出现下滑。因此，一国产业研发实力及国际地位的提高，需从根本上提高自主创新效率与水平，从企业角度出发，这两个行业应积极增加人才储备，加大研发经费投入力度，增强知识产权保护意识，加强与当地研究院所、高校的合作与交流；从政府角度出发，应及时根据该类产业发展现状调整外商投资产业目录以及外资政策的产业导向，并加大对通信、计算机设备行业自主创新行为的鼓励与支持，从而使其慢慢转化为在较高协调发展水平之上的外资研发与自主创新同步协调发展型产业。

医药制造业、医疗仪器设备及仪器仪表制造业都属于高技术、高投入、高风险、高附加值且具有相对垄断型的高技术产业，两个产业都有一定的政策扶持，但因自主创新能力偏弱，整体发展水平不够高，外资对国内高端的医疗仪器设备行业仍具有较强的掌控力。2001 年之前，中国医药制造业及医疗设备制造业 R&D 投入不足，自主研发实力不强；加入世界贸易组织后，外资国内医疗持股比重上限上升至 70%，此时，外资企业大量进入该类行业，并在一定程度上抑制了内资企业的发展，使得外资研发系统与自主创新系统的耦合协调发展水平有所下滑，但耦合强度却大大提高。随着知识产权制度的完善、规模经济效益的增加、自主创新意识的提高，以及 2006 年医疗政策的调整，行业整体经济向阳，随着自主研发实力的逐渐增强，两个产业外资研发与自主创新系统的协调发展水平相应提高，成为自主创新超前型产业，此时自主创新系统综合发展水平高于外资研发系统，尤其表现在化学药品制造、中成药生产、仪器仪表制造等产业上。为进一步增强两个产业外资研发与自主创新系统的耦合强度及耦合协调度发展水平，企业应加强内外资研发企业的交流、互动，加强与国内外医学研究院所的合作，同时要对人才、技术两手抓。政府应进一步加强对这两个高技术产业的鼓励扶持，尤其是加大研究经费扶持力度，该类产业总体研发水平将会大大提升。

航空、航天器及设备制造业是高技术产业中比较特殊的一个产业类型，它开放程度不高、外资研发介入较小，且是以国家计划性政策为导向的产业，是关系国家经济安全，且具有重要政治和经济意义的战略性行业。出于对战略性和命脉性产业的保护和扶持，该行业自 2001 年起一直属于自主创新超前型产业，但国际交流的缺乏并不利于航空、航天器及设备制造业整体研发水平的提升。此外，由图 5-7、图 5-8 可知，航空、航天器及设备制造业中外资研发企业的进入在 2000 年左右并未与自主创新行为形成良性的耦合，导致该产业的研发系统处于较低发展水平状态下的耦合阶段，但随着内资企业技术、知识、人才储备的增加及国家投资强度的增加，该行业外资研发与自主创新系统的耦合强度及耦合协调度都在逐步增加。但 2008 年全球金融危机的出现，对设备制造业都产生了一定程度的消极影响，同时也导致产业的研发创新活动放缓，随着 2010 年经济的回暖，航空、航天器及设备制造业外资研发与自主创新系统的耦合发展也逐渐恢复，又开始保持一个良好的发展势头。综上可得，要增强航空、航天器及设备制造业的研发实力，需对人才资源进行积极储备，同时要加大国家激励和扶持政策的力度，在保障国家技术安全的前提下，有限、适度地进行开放，有选择、有侧重地进行一些国际交流，使该产业的自主创新系统能够获益于外资研发系统。

第六章　外资研发与自主创新耦合机制的实证探索

一般衡量外资研发对东道国知识创新能力的影响是通过检验外资研发投入和东道国自主创新产出之间的相关关系来实现的，但是少有学者研究这种影响的微观路径，即外资研发介入是通过什么途径来对内资自主创新产生影响。本章基于柯布—道格拉斯（C-D）生产函数，在技术要素中性的情形下，构建外资研发溢出路径的理论模型并进行实证，考察外资企业研发投入如何影响内资企业自主创新，之后对自主创新对外资研发的作用路径进行尝试性探讨，期望以这种创新要素的影响路径来揭示和探索外资研发与自主创新的耦合机制。

一、研究设计与模型构建

（一）研究假设

从经济学的视角分析，首先，产出由投入决定，研究外资创新投入对自主创新的影响，关心的是内资企业创新产出是否会因为外资企业创新投入的增加而改变，两者之间并不存在直接的投入产出关系，现有研究大多直接分析外资企业创新投入与内资企业创新产出的相关性，缺失了溢出路径的中间环节。其次，在投入决定产出的过程中，起关键作用的是投入的要素，而创新活动的投入要素是指技术、资金、高端人才等创新要素，是传统投入产出模型中要素的高级化，外资企业投入的这些创新要素，如何影响内资企业的创新产出，要具体到不同的要素来讨论，将外资创新投入视为整体，不利于厘清外资创新要素投入影响内资自主创新产出的作用路径。因此，本章以C-D生产函数为理论支撑，从资本和劳动两种创新要素的维度来讨论外资研发活动中的资本投入和劳动投入如何影响内资企业的创新产出。

由于 C-D 生产函数表现的是投入与产出之间的直接关系，而外资企业创新投入对内资企业创新产出的影响是间接的，如图 6-1 所示，为此需要分为外资企业创新投入—内资企业创新投入、内资企业创新投入—内资企业创新产出两个阶段，首先研究外资创新要素介入对内资企业创新投入、企业创新要素生产率的影响，然后进一步研究创新投入及要素生产率对创新产出的生产函数形式，再综合两个模型的结果得出外资企业创新要素投入对内资企业创新产出的综合影响。根据 C-D 生产函数，做出如下假设：

假设 H1：内资企业的创新产出是由内资企业的创新投入所决定的，并不与外资企业的创新投入存在直接联系。

假设 H2：间接关系主要表现在外资企业创新投入由于示范、竞争、跟随效应引起内资企业的创新决策变化，影响了内资企业的创新投入。

假设 H3：内资企业创新投入则决定着内资企业创新产出，而内资企业创新投入受到外资企业创新资本和劳动投入影响，并且存在正相关性。

（二）模型构建

根据柯布—道格拉斯生产函数理论，企业创新产出可以表示为如下知识生产方程：

$$PATE_t = f_t(k,\ l) = A_t k_t^{\alpha} l_t^{\beta}(\alpha<1,\ \beta<1) \tag{6-1}$$

结合本书分析的目标，我们给各个参数赋予确切的含义：PATE 表示创新产出；A 表示创新要素生产率，k 表示创新的资金投入，l 表示创新的劳动投入。

对式（6-1）求导，并在两边同时除以 $PATE_t$ 可得：

$$\partial PATE_t / PATE_t = \partial A_t / A_t + \partial k_t / k_t + \partial l_t / l_t \tag{6-2}$$

通过式（6-2）可以发现，企业创新产出的变动由三方面构成：由于创新要素生产率的变动而造成的产出变动；由于创新资金投入变动而造成的产出变动；由于创新劳动投入变动而造成的产出变动。分析外资研发对创新产出的影响，实际上就是分析外资研发介入对创新要素生产率、创新投入的影响。

由于创新要素生产率的影响因子非常复杂，本书的分析中暂时不考虑外资研发介入对创新要素生产率的影响，而是使用了一个替代变量来近似替代创新要素生产率。

图 6-1 反映了外资企业研发介入对内资企业创新产出的影响路径。从图 6-1 中可以发现，研究外资企业研发介入对内资企业创新产出的影响必须进行分步研究。首先分析两种外资研发介入对内资企业创新投入的影响，然后进一步研究创新投入到创新产出的生产函数形式，再综合两个模型的结果才能求得外资企业研发介入对内资企业创新产出的综合影响。由于学术界对创新产出的生产函数研究较多，本书在构建创新产出模型时直接借鉴已有的模型进行分析，而创新投入模型则在深入研究内资企业创新投入影响因子的基础上构建面板数据分析模型进行分析。

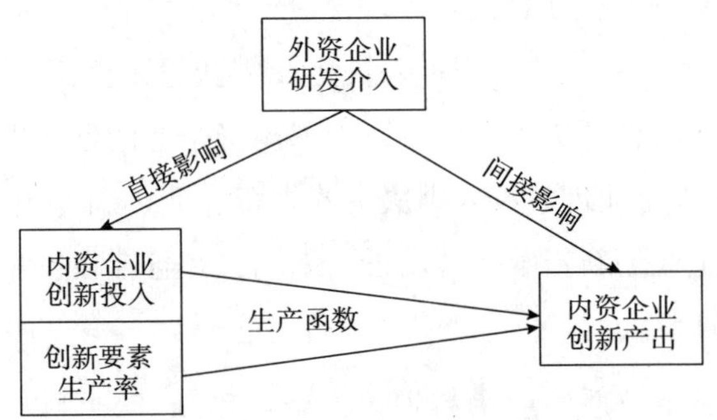

图 6-1　外资企业研发介入对内资企业创新产出影响示意图

1. 内资企业创新投入决定模型

(1) 内资企业创新投入的影响因素。

作为市场经济的主体，企业依据自身的经济状况和内外部市场环境进行创新投入决策。投入决策的具体影响因子可以分为来自外资企业的影响因子、企业内部影响因子、市场影响因子、政府影响因子四个因素。其中外资企业介入影响因子是指由于外资企业在中国进行的 R&D 研发活动通过一系列直接或者间接的渠道影响内资企业的研发投入决策；企业内部影响因子是指企业的自身经济状况因素；市场影响因子是企业所处的市场对企业的影响因素，主要是指要素的供给；政府影响因子是指政府对企业 R&D 的政策影响因素，其中最为直接的影响是政府的 R&D 经费支持。

1）外资企业影响因子。

Johns 和 Williams 实证研究表明，R&D 活动的社会收益是私人收益的 2~4 倍。该研究结果证明 R&D 活动具有显著的外部性。外资企业 R&D 介入会对内资企业创新投入产生很大的影响。这种影响主要体现为如下两个方面：

①主动影响。是指内资企业主动调整创新投入决策而造成的投入变动。R&D 活动的基本属性会使得内资企业改变以往的创新投资决策。R&D 人员的流动使内资企业劳动产出的边际收益提高，管理技术溢出会提升内资企业的生产效率，追逐利益的企业自然会最大化外资溢出带来的好处；外资 R&D 创造性破坏会加剧市场竞争，原有的产品会被新的产品不断替代，出于保护市场的目的，内资企业不得不改变以往的创新投入决策；市场上不断出现的新产品也会改变企业的创新决策，当外资新产品的技术领先内资企业太多时，内资企业更有可能去模仿外资企业的产品，进行技术吸收、引进而不是新技术开发，这也会改变内资企业的创新投入。

②被动影响。是指内资企业无法控制的创新投入变动。外资 R&D 的介入会和内资企业形成资源竞争。随着经济全球化的发展，跨国公司跨国研发的本地化率越来越高，而跨国公司支付薪水的能力、资本收益率普遍强于内资公司，在市场劳动、资金供给一定的情况下，跨国公司和内资企业之间会形成资源竞争，优质的劳动、资金更有可能向外资企业倾斜。

2）企业内部影响因子。

企业的营收状况是影响企业进行创新投入决策重要的因素之一。企业营收状况对内资企业创新投入的影响具有两个特征：①现金流状况越好，创新投入越多。创新活动是典型的高风险投入，收益的不确定性使得创新活动对企业的现金流状况具有较高的要求。企业收入水平越高，用于研发的经费越多，承受风险的能力也越强。一般来说，企业的营收状况和企业的发展阶段具有一定的对应关系。初创企业收入水平一般比较拮据，企业家往往将企业生存作为发展的第一要务，企业既无实力也无动力去进行研发活动。处于快速发展期的企业现金流状况良好，企业盈利快速增长，此时企业往往会将资金集中在边际收益更高的扩大规模、开拓市场上，较少有企业会将资金投入在创新活动上。处于成熟期的企业一般为市场中的大型企业，对这些企业而言，无论是市场或者规模都已经处于相对稳定适当的状态，现金流状况良好，企业具有相当强烈的动力进行创新研究，以获得新的利润增长点。②长期的现金流变动比短期的现金流变动影响大。R&D 活动具有生产周期长、固定投入大、未来产出的不确定等特性，这决定了 R&D 活动是一个长期的过程，它仅受企业长期现金流的影响，不对企业短期的现金流有显著的反应，而企业长期现金流的提升，对企业创新支出具有显著的提升作用。

熊彼特假说认为：规模越大，企业越有更好的条件或者动力去进行技术创新。支持这一假说的理论依据在于：①和小企业相比，大企业能获得更多创新的收益。创新产出具有准公共物品的性质，产出的收益并不是由企业单独获得，越大的企业由于市场优势能获得越多的回报。②创新活动产出与投入之间的关系不确定。创新产出的不确定会给企业带来风险，小企业一般不愿意投入较多的资源进行研发，而对于大企业来说这些潜在的风险只是经营成本的小部分，而一旦有了创新产出，则马上就能创造经济效益。③大企业拥有更多的资源为创新投入提供人力、财力支撑。创新前期投入很高，且在进行过程中需要企业不断地追加投资以保证创新活动的顺利进行，大企业雄厚的资源禀赋、更多的融资途径为这些投入提供了保证。然而也有学者研究发现专利与企业规模的正相关关系不显著。由于工业企业规模和工业企业营收显著正相关[①]，本书不单独分析企业规模对企业创新投入的影响。

3）市场影响因子。

市场的人力供给会影响企业的创新劳动投入。人力供给对企业创新劳动投入的影响体现在对创新投入成本和劳动可获得性的影响上。由供需理论可知，劳动供给越多，单位劳动的成本就越少，单位时间内劳动供给越多，企业获得目标雇员就越容易。因此，企业创新劳动决策和市场的人力供给相关。

4）政府影响因子。

由于创新产出专有的不可能性，企业创新投资会小于社会最优投资。市

① 现实的情况存在企业规模（以雇员的数目来衡量）很小，但是企业现金流非常好的案例，但是这种情况多发生在金融领域，在工业领域极少发生。

场失灵为政府的市场调控提供了理论指导，政府 R&D 支持策略对企业创新投入产生重要的影响。政府通过为企业提供各种创新优惠或者减免来调整企业的创新投入进而影响企业的创新产出。一般来说，政府 R&D 公共政策有两种：一种是直接进行政府 R&D 采购或者政府 R&D 补贴来鼓励企业创新；另一种是通过加大知识产权保护力度、R&D 税费减免、拓宽 R&D 融资渠道、举办各种活动促进技术交流等间接方式来影响企业创新活动。前者为创新收益提供了保证，减少了创新风险；后者则减少了企业创新成本、加快了企业创新进程。一般的研究结果表明，政府直接和间接的 R&D 支持一般均会产生显著的正效益，然而也有例外，有学者指出在一些低科技领域，政府的某些直接 R&D 政策会减少企业的 R&D 投入。事实上，如果市场集中度很高、企业之间技术差距过大，而大部分企业奉行技术引进、模仿策略的情况下，政府的某些 R&D 保护政策在短期内会减少企业创新投入，但是从长期的角度来看，政府的 R&D 支持应该具有显著的正效益。

（2）外资研发介入影响创新投入模型设定。

由于地理、历史、资源禀赋的差异，政策因素的影响，我国各省份不同地区之间存在明显的经济阶梯，企业的规模和构成也各不一样，且外资研发随着区域的不同介入强度也有很大的区别。本书在分析过程中使用变截距面板数据模型进行分析，实证的结果也支持这一选择（见表 6-1）。

建立如下假设：

H_0：$\alpha_i = a$，模型中不同个体的截距相同（混合回归模型）。

H_1：模型中不同个体的截距项 α_i 不同（变截距模型）。

表 6-1　H1 和 H2 假设下面板数据回归的方差及 F 统计值

	变截距模型 S_1	不变参数模型 S_0	N	K	T	F
L	8.019	59.29	27	5	11	65.16
K	16.27	40.72	27	4	11	15.37

注：N 表示横截面个体，即省区数量；K 表示参数个数；T 表示纵截面长度，即时间跨度。

$$F=\frac{(S_0-S_1)}{(N-1)(K+1)}\bigg/\frac{S_1}{NT-N(K+1)}=\frac{S_0-S_1}{N-1}\bigg/\frac{S_1}{NT-N-K}\sim F[(N-1)K,\ N(T-K-1)] \quad (6-3)$$

观察到 F_{l2}、F_{k2}的自由度为 F（130，130）和 F（130，156）。根据 F 分布表，F（130，130）和 F（130，156）在 5%显著水平下的上侧 α 分位数分别为 1.3359、1.3167，由于 $F_{k2}>1.3167$、$F_{l2}>1.3359$。因此，实证结果拒绝 H_0，即面板数据模型中不同个体（省份）的截距项 α_i 不同。通过对我国区域创新投入影响因子的分析及初步的实证结果，本书构建如下面板数据分析模型①。

内资企业创新经费投入决定模型：

$$LN(K_{it})=c_i+a_1LN(PK_{it})+a_2LN(PL_{it})+b_3LN(SALES_{it})+b_4LN(PG_{it})+u_{it} \quad (6-4)$$

内资企业创新劳动投入决定模型：

$$LN(L_{it})=c_i+a_1LN(PK_{it})+a_2LN(PL_{it})+b_3LN(SALES_{it})+b_4LN(PG_{it})+b_5LN(Lab_{it})+u_{it} \quad (6-5)$$

其中，i 表示省份；t 表示年份；K_{it}表示省份 i 的内资企业在第 t 年创新经费投入；L_{it}表示省份 i 的内资企业在第 t 年创新人员投入；PK_{it}表示省份 i 的外资企业在第 t 年研发经费介入水平；PL_{it}表示省份 i 的外资企业在第 t 年研发人员介入水平；$SALES_{it}$表示省份 i 的内资企业在第 t 年销售收入；PG_{it}表示省份 i 的政府在第 t 年的 R&D 政策直接支持；Lab_{it}表示省份 i 第 t 年的市场劳动供给；c_i 表示省份 i 的截面特征；u_{it}表示未被模型考虑的随机误差项；参数 a_1、a_2 表示两种外资研发介入强度对研发投入的影响：如果 a_1 为正，说明外资研发经费介入促进了内资企业研发投入；若 a_1 为负，说明外资研发经费的介入抑制了内资企业研发投入。a_2 的分析同理。

考虑到创新投入决策的流程通常是前一年对下一年的创新投入进行决策。

① 由于统计数据的限制，本书用于实证检验的数据周期较短，这给单位根检验、协整分析检验的有效性带来很大了的制约。为了减少数据的不平稳性给统计结果带来的误差，本书对所有分析变量采用了自然对数处理。

如无特殊变化，企业创新投入会按照前一年的决策进行，因此对所有的自变量取 1 年的滞后期，那么两个模型变为：

内资企业创新经费投入决定模型：

$$LN(K_{it})=c_i+a_1LN(PK_{it-1})+a_2LN(PL_{it-1})+b_3LN(SALES_{it-1})+b_4LN(PG_{it-1})+u_{it-1} \tag{6-6}$$

内资企业创新劳动投入决定模型：

$$LN(L_{it})=c_i+a_1LN(PK_{it-1})+a_2LN(PL_{it-1})+b_3LN(SALES_{it-1})+LN(PG_{it-1})+b_5LN(Lab_{it-1})+u_{it-1} \tag{6-7}$$

由于研发经费和研发人员是不同的要素，尽管两者的投入决定因素基本相同，但是还是存在细微的差别。劳动力的供给对劳动投入的影响要大于对资金投入的影响，资金的供给对资金投入的影响要大于对劳动投入的影响。本书充分考虑了这些因素，在模型的构建中，两个要素的决定模型略有不同，在劳动决定模型中添加了劳动供给变量，而在经费决定模型中没有添加。

（3）固定效应模型与随机效应模型的选择。

依据个体不随时间改变的变量是否与所预测的自变量相关，面板分析模型又可以分为固定效应模型与随机效应模型。固定效应模型认为包含个体影响效果的变量是内生的，因而在面板回归分析时那些不随时间变动的因素将不被考虑；随机效应模型是假设全部的包含个体随机影响的回归变量是外生的，在面板回归分析时考虑了不随时间变动的因素的影响。

目前一般进行固定效应模型和随机效应模型选择的方法是先进行随机效应模型分析，再进行固定效应模型分析，然后通过 Hausman 检验来选择所需要的模型。

Hausman 检验的基本思想是：遗漏相关变量，往往会导致解释变量与随机扰动项出现同期相关性。因此，对模型是否遗漏相关变量的检验可以用模型是否出现解释变量与随机扰动项同期相关性的检验来替代。Hausman 检验统计量：$W=(\beta_{fe}-\beta_{re})'[Var(\beta_{fe})-Var(\beta_{re})]^{-1}(\beta_{fe}-\beta_{re})$。$\beta_{fe}$ 和 β_{re} 分别为固定效应和随机效应估计的系数矩阵；$Var(\beta_{fe})$ 和 $Var(\beta_{re})$ 是各自的方差矩阵；W 服从自由度为 k 的卡方分布 $\chi^2(k)$，k 为解释变量的个数。比较 W 和对应自由度的卡方显著性检验临界值可以进行固定效应和随机效应模型的选择。

事实上，依据 Hausman 检验的思想，选择固定效应模型总是有效的。Hausman 检验的零假设，H0：优先选择随机效应模型。因此，如果 W 统计值足够大，那么拒绝零假设，选择固定效应模型；如果 W 统计值未能拒绝零假设，那么此时应该优先选择随机效应模型，也就说明此时选择固定效应模型仍然是有效的。

本书在进行分析的过程中，并不仅依赖 Hausman 检验的结果。当 Hausman 检验拒绝零假设时，选择固定效应模型，当未能拒绝零假设时，本书并不是简单地选择随机效应模型，而是进一步对比两种模型的 R^2 和 Adjusted-R^2 等指标来进行模型选择。

2. 内资企业创新生产函数模型

(1) 内资企业创新产出的影响因素。

目前，研究要素产出的模型主要有两种：一是柯布—道格拉斯生产函数。基本形式为 $Y=f_t(k, l)=A_t k_t^{\alpha} l_t^{\beta}$。该生产函数指出，要素产出取决于两个方面：一方面生产期内要素生产效率的变动，即是否存在技术进步；另一方面要素投入量的多少。这两个方面共同决定最终的要素产出。基于柯布—道格拉斯生产函数的研究都是针对上述两个方面的研究来进行的。

二是不变要素替代弹性生产函数（CES）。其基本形式为 $Y=A(\alpha K^{-\rho}+\beta L^{-\rho})^{-\frac{m}{\rho}}$。其中，Y 为产出；A 为中性技术进步参数；K 为经费投入；L 为人力资本投入；α 为 K 的分配系数，0<α<1；β 为 L 的分配系数，0<β<1；α+β=1；m 为规模报酬参数；ρ 为要素替代参数。同 C-D 生产函数一样，CES 生产函数也是从要素投入和要素生产率两个角度进行研究，但是 CES 生产函数还考虑到了两种要素之间的替代关系。这种假定假设企业可以在一定的范围内通过改变要素投入的组合来减少生产成本，获取最大化利润。但是由于 CES 函数不能直接线性化，参数的估算方法非常复杂，并且由于经费投入和劳动投入之间本来存在一定的相关关系，要素替代的结果可能并不准确。因此，本

书对创新产出的分析采用 C-D 生产函数。

通过 C-D 生产函数我们可以发现，内资企业创新产出的影响因素主要有三个方面：创新要素生产率、创新劳动投入、创新资本投入。创新要素生产率是指创新投入向创新产出转化的转化效率，其影响因素很多。一般认为，市场化率、城市化水平、对外开放度、政府支出、基础设施等是影响社会全要素生产率的重要因素，考虑到创新要素生产率的特殊情况，本书认为市场化率对创新要素生产率的影响最大，且市场化中最具影响的是知识产权保护指数，两者呈正相关关系。事实上，本书后续的研究正是基于这种正相关关系用知识产权保护指数变化来近似反映创新要素生产率的变化。创新劳动投入和创新资本投入即企业与创新研发有关的劳动和资本投入。

（2）内资企业创新产出模型设定。

基于前面的分析，本书使用 C-D 生产函数构造创新要素产出模型，并使用面板数据分析方法进行分析。为了减少数据波动造成的影响，本书将 C-D 模型两边取自然对数，变为线性分析方程。本书构造内资企业创新产出模型如下：

$$LN(PATE_{it}) = f_{it}(k, l) = c_{it} + LN(IPPI_{it}) + \alpha LN(k_{it}) + \beta LN(l_{it}) \tag{6-8}$$

$$LN(NEWSALES_{it}) = f_{it}(k, l) = c_{it} + LN(IPPI_{it}) + \alpha LN(k_{it}) + \beta LN(l_{it}) \tag{6-9}$$

其中，$PATE_{it}$为省份 i 第 t 年的专利申请量；$NEWSALES_{it}$为省份 i 第 t 年的新产品销售收入；$IPPI_{it}$为省份 i 第 t 年的知识产出保护指数；k_{it}为省份 i 第 t 年的研发经费投入；l_{it}为省份 i 第 t 年的研发人员投入；α、β 分别为研发经费和研发劳动的弹性系数。本书第一阶段模型已经研究外资研发介入与内资企业创新投入之间的关系，而本阶段又研究创新投入与创新产出之间的关系。综合两个方面的研究，就能找出外资研发介入对我国创新产出的间接影响。

（3）基于投入—产出两阶段模型的溢出效应综合分析方法。

依据本书的分析思路，外资研发介入对创新产出的微观影响路径为：外资研发介入通过对内资企业研发经费投入和研发劳动投入产出促进或者抑制作用进而对内资企业创新产出产生影响。通过外资研发介入与内资企业创新投入关系模型和内资企业创新生产函数模型我们已经得到了外资研发介入和研发投入之间的数量关系，以及研发投入和研发产出之间的数量关系。因此外资研发介入和研发产出之间的关系可以通过数学微分变换得出。

为了便于研究，假设创新产出函数、创新要素投入函数如下：

$$LN(Y)=f(LN(K),\ LN(L))$$

$$LN(L)=h(LN(PK),\ LN(PL))$$

$$LN(K)=g(LN(PK),\ LN(PL))$$

其中，Y、K、L 分别表示创新产出、研发经费投入、研发劳动投入，PK、PL 分别表示外资研发经费介入和外资研发劳动介入。f、g、h 分别为对应的生产函数和影响函数。为了便于分析，本书使用 Y、K、L、PK、PL 来代替其对数形式。

上述方程可以变为：

$$Y=f(K,\ L);\ K=g(PK,\ PL);\ L=h(PK,\ PL)$$

那么外资研发介入对创新产出的影响为：

$$Y'_{PK}=Y'_{K}K'_{PK}+Y'_{L}L'_{PK}=f'_{k}g'_{PK}+f'_{L}h'_{PK} \tag{6-10}$$

$$Y'_{PL}=Y'_{L}L'_{PL}+Y'_{K}K'_{PL}=f'_{K}g'_{PL}+f'_{L}h'_{PL} \tag{6-11}$$

其中，Y'_{K} 为创新产出的经费投入弹性，Y'_{L} 为创新产出的劳动投入弹性，K'_{PK}为创新经费投入的外资研发经费介入弹性，L'_{PK}为创新劳动投入的外资研发经费介入弹性，L'_{PL}为创新劳动投入的外资研发劳动弹性，K'_{PL}为创新经费投入的外资研发劳动介入弹性。

二、省域层面外资研发影响自主创新的实证

（一）变量选取和数据来源

按照上文的模型设计，本书变量选取如下：①企业研发经费投入和企业研发人员投入。企业 R&D 经费支出的最好衡量指标为企业 R&D 经费内部支出，但是由于企业 R&D 经费内部支出直到 2003 年才有完整的统计，因此本书选用具有数据连续性的大中型工业企业科技活动经费内部支出来衡量企业研发经费支出。企业研发人员投入用大中型工业企业科技活动人员投入来衡

量。②外资影响因子。外资研发经费介入强度选用外资工业企业[①]研发经费投入/全行业工业企业研发经费投入表示，外资研发人员介入强度选用外资工业企业研发人员投入/全行业工业企业研发人员投入表示。③企业影响因子。企业营收状况用工业产品销售收入来表示。④市场因子。市场劳动供给用当年高等学校毕业人员来表示。这里之所以没有用市场总体劳动供给，主要考虑到原有的市场劳动在企业之间的流动只会改变资源的配置，不会改变市场的劳动供给，只有新的劳动投入才会使整个市场的劳动投入发生变化。⑤政府影响因子。政府 R&D 影响用科技活动经费筹集中政府筹集所占比例来表示。

事实上，除了以上因素以外，还有市场竞争状况、市场同质化程度、行业聚集度、行业利润率、更新改造投资等因素也影响企业的创新投入，但是由于统计数据缺乏、口径不统一等原因，最终将这些因素都作为未观测到的行业差异（ε）纳入模型。综上，各项指标及其计算方法见表 6-2。

表 6-2　各项指标及其定义

指标		指标含义
因变量	内资企业研发经费投入（K）	全行业研发经费内部支出-外资企业研发经费内部支出
	内资企业研发人员投入（L）	全行业科技活动人员-外资企业科技活动人员
自变量	外资企业研发经费介入比例（PK）	外资企业研发经费内部支出/全行业研发经费内部支出
	外资企业研发人员介入比例（PL）	外资企业科技活动人员/全行业科技活动人员
控制变量	内资企业收入水平（SALES）	全行业产品销售收入-外资企业产品销售收入
	市场劳动供给（LAB）	各地区高等学校毕业生数
	政府 R&D 支持（PG）	科技经费筹资政府支持额/科技经费筹资总额

注：2004 年和 2008 年《中国统计年鉴》没有大中型外资工业企业分地区的数据统计，只有规模以上外资工业企业总体的数据统计；本书使用换算因子乘以各地区规模以上外资工业企业数据进行调整；换算因子 = 全行业大中型工业企业数据/全行业规模以上工业企业数据。

---

① 本书用三资企业数据表示外资企业数据。按照《中国科技统计年鉴》解释：三资企业指中外合资经营企业、中外合作经营企业、外商独资经营企业三种企业经营模式。

本书选取全国分省份大中型工业企业作为数据研究标的。原因如下：①大中型工业企业是创新研发的主体，这些企业是最具有动力和实力进行创新研发的企业；②本书数据来源于《中国科技统计年鉴》、《中国统计年鉴》，《中国科技统计年鉴》中有相对完整的大中型工业企业的统计数据，而规模以上工业企业由于数据统计不连续并未选用。如无特别说明，下文所指企业均为大中型工业企业。

全国各省份的数据包括：北京、天津、河北、辽宁、上海、江苏、浙江、福建、山东、广东、广西、海南、山西、内蒙古、吉林、黑龙江、安徽、江西、河南、湖北、湖南、重庆、四川、贵州、云南、陕西、宁夏共计 27 个省市区。其中西藏、甘肃、青海、新疆四个省区由于很多数据缺失未纳入统计；香港、澳门、台湾由于统计年鉴上没有单独的统计也未纳入统计范围。

本书数据采用周期为 1998~2008 年。主要原因是 2008 年之后《中国科技统计年鉴》对统计口径进行了调整，取消了对外资大中型工业企业分省份数据的统计，因此本书无法将最新的数据变动反映到实证结果当中。

（二）实证结果分析

表 6-3 给出了外资研发介入对我国内资企业研发经费投入和研发科技人员投入的影响。包括固定效应和随机效应两种分析方法的结果。由表 6-3 可知，Hausman 检验值 W 分别为 4. 48、183. 07。其中内资企业研发人员投入通过 1%的 Hausman 检验，固定效应模型优于随机效应模型；内资企业研发经费投入模型的 Hausman 没有通过 1%的显著性检验，Hausman 检验的结果表明应该优先采用随机效应模型，但是结合 R^2、AdjustedR^2 等指标可以发现，固定效应模型拟合程度优于随机效应模型，因此，本书采用固定效应模型来分析外资研发介入对自主创新投入的影响。

1. 外资研发介入促进了内资企业不同要素的投入

表 6-3 的实证结果表明，外资研发经费的投入促进内资企业劳动人员的投入，外资研发劳动人员投入促进了内资企业研发经费的投入。依据模型的结果可知：外资研发经费介入比例每增加 1 个百分点，就会促进内资企业增加 0. 062 个百分点的研发劳动人员投入；而外资研发劳动人员介入比例每增

加1个百分点，就会促进内资企业增加0.074个百分点的研发经费投入。外资企业研发介入之所以能够促进内资企业不同要素投入，本书认为主要有以下几个方面的原因：

表6-3　我国27个省份创新投入影响的面板数据实证结果

自变量＼因变量	内资企业研发经费投入（K）		内资企业研发人员投入（L）	
C	-4.274 -15.802***	-4.949 -16.41625***	-1.346 -7.899***	-2.586 -6.159***
外资企业研发经费介入比例（PK）	-0.055 -2.197**	-0.026 -0.849	0.062 5.899***	0.082 2.727***
外资企业研发人员介入比例（PL）	0.074 2.112**	0.012 0.301	-0.127 -8.652***	-0.225 -5.585***
内资企业收入水平（SALES）	1.019 34.771***	1.107 33.793***	0.290 13.714***	0.410 5.061***
市场劳动供给（LAB）			0.036 2.006**	0.060 0.757
政府R&D支持（PG）	-0.072 -2.817***	-0.045 -1.410	0.048 4.649***	0.095 3.210***
Model	Fixedeffects	Randomeffects	Fixedeffects	Randomeffects
R^2	0.979	0.878	0.982	0.478
AdjustedR^2	0.976	0.876	0.980	0.468
s. e	0.264	0.262	0.186	0.238
F	365.419	474.653	426.888	48.071
Prob>F	0.000	0.000	0.000	0.000
D. W.	1.447	1.031	1.069	0.680
W	4.483		183.066###	
样本组数	27	27	27	27
样本总数	269	269	269	269

注：C表示对应t值；*、**、***分别表示10%、5%和1%的显著水平；#、##、###分别表示通过显著性水平为10%、5%、1%的Hausman检验；本书数据分析均采用EVIEWS6.0软件。

（1）外资研发介入能够增加内资企业不同要素的边际产出。

将柯布—道格拉斯生产函数应用于创新产出研究，可知创新产出由创新投入及创新要素生产率共同决定。对柯布—道格拉斯生产函数分别求 k、l 的偏导，可得：

$$MAR_k = \alpha \times A_t k_t^{\alpha-1} l_t^{\beta} = \alpha \times A_t \times \left(\frac{l_t^{\beta}}{k_t^{1-\alpha}}\right)(\alpha<1,\ \beta<1) \tag{6-12}$$

$$MAR_l = \alpha \times A_t k_t^{\alpha} l_t^{\beta-1} = \alpha \times A_t \times \left(\frac{k_t^{\alpha}}{l_t^{1-\beta}}\right)(\alpha<1,\ \beta<1) \tag{6-13}$$

通过式（6-12）和式（6-13）可以看出，企业资本边际产出和劳动投入量正相关，和资本的投入负相关，而企业劳动边际产出和资本投入量正相关。外资企业研发投入改变市场的研发劳动和资本的投入，使得内资企业的劳动和资本边际产出发生了变化。因此内资企业出于效益最大化的原则，会相应调整自身的研发资本和劳动的投入。MacDougall（1960）① 在研究跨国投资一般福利效应的时候指出外国投资和某些潜在的收益有关，但是并没有考虑到内资企业亦会受到这些潜在收益的影响。

（2）外资企业研发介入引起要素价格发生变化。

相比内资企业，外资企业在支付薪酬、员工的技能学习和发展方面具有明显的优势，同时良好的信誉、庞大的规模使得外资企业在筹集资金方面具有明显的优势。外资企业的介入会对市场的要素供给产生一定的影响。一个直接的表现是改革开放以后外资企业高薪吸引了很大部分的高科技人员，这些人员的流动提高了研发人员整体的薪资水平，只有当内资企业支付足够的薪水时，具有高技术和研发能力的员工才愿意留在内资企业工作。而资本投入也面临同样的问题，市场资金供给有限的情况下，外资获得的资金越多，留给内资企业的资金就越少，内资企业资金的可获得性和成本必然大大提升，在这种情况下，内资企业势必会减少对资金的投入而增加对劳动的投入。

尽管劳动和资金不属于完全替代品，但是确实存在一定的弹性区间，在这

① MacDougall G. The Benefit and Cost of Private Investment from Abroad：A Theoretical Approach［J］. Economic Research，1960（36）：13-35.

个区间里，两者之间的不同组合能够提供相同的产出。外资企业研发投入影响了一种要素的供求及价格，但是只要在合理的范围内，内资企业都能通过改变另一种要素的投入来实现相同的效果，这也是这种促进作用实现的前提。

（3）内外资企业产业链联系使得内资企业投入增加。

跨国公司通常拥有技术上的优势，当跨国公司子公司和内资企业发生后向联系时，内资企业就有可能受益于外资企业先进的产品、技术和管理经验。Lall（1980）将这种联系分为三个层次：低级技术联系、中级技术联系、高级技术联系。其中，低级技术联系内外资之间只存在规格、质量控制等基本的交流和联系；中级技术联系则有一定的合作开发，主要指某些小型的、部件的研究开发；高级技术联系指新产品、技术的研究、开发合作。Lall 研究指出两者之间的联系越紧密，内资企业受益越大。因此，在一个内外资具有密切产业链联系的市场中，外资企业增加研发投入势必会使得内资企业相应地增加一定的研发投入以保持与外资企业在技术和产品上的同步。近年来，外资企业和内资企业的产业联系越发紧密。富士康代工厂和苹果之间的关系就是一个典型的例子，苹果的每次更新换代就意味着富士康生产线的改造升级。谷歌和国内手机生产商之间的关系则是另一个例子，为了保持产品的先进性，系统平台提供商谷歌每次进行 ANDROID 的升级都会使国内手机生产商相应地研发新产品。

2. 外资研发介入对内资企业相同要素投入呈现显著抑制作用

表 6-3 的实证结果表明，外资研发经费的投入抑制内资企业研发经费投入，外资研发劳动人员投入抑制内资企业研发劳动人员投入。依据模型的结果可知：外资研发经费介入比例每增加 1 个百分点，就会减少内资企业 0.055 个百分点的研发经费投入；而外资研发劳动人员介入比例每增加 1 个百分点，就会减少 0.127 个百分点的研发劳动人员投入，并且这种抑制关系都通过了 1%的 t 检验。本书认为产生这种抑制作用主要有以下几方面的原因：

（1）外资企业研发投入和内资企业形成了资源竞争。

在一定的时间内，市场要素的供给是有限的，外资研发投入势必会和内资企业形成一种资源竞争关系。这种竞争关系并不仅表现在人才竞争方面，在资金方面也同样存在。一般认为，人才的投入是从市场中雇佣劳动，资金的投入是使用公司的自有财产，事实上，市场资金也是企业研发投入的重要部分。外部资金和企业的联合研发、VC 注入等都是企业研发资金的来源。因此，不可避免地，外资企业要素的投入会使得内资企业可用要素减少，减少了内资企业相同要素的投入。

(2) 内外资企业之间的边际产出差距减少了内资企业要素投入。

相比外资企业，在目前以及未来的一段时间内，内资企业在资金和劳动的边际产出上存在一定的差距，尽管这种情况在不断改变，但是只要这种差距还存在，内资企业在面向外资企业的竞争时，外资效率优势会使得内资企业不得不减少相同要素的投入。事实上，中国很多工业企业的机器设备还未能实现国产化，大多都是购买人家淘汰或者技术比较落后的产品，当那些拥有最新机器设备的外资企业进入中国市场时，同样的投资带来不同的产出有可能会削减内资企业投入的积极性。但是，改革开放以来，我国在主要的技术方面开始了攻关，在很多领域已经取得了创造性的突破。涌现出了像华为、联想、三一重工、海尔等大型的跨国公司，其中华为在通信方面已经跻身国际前列。

(3) 内资企业研发投入与内资企业的技术战略也有一定的关系。

企业创新战略随着企业自主科研能力、外部市场的变化而呈现出不同。一般来说，企业创新战略包括技术创新开发、技术引进、技术消化吸收等。企业的不同创新战略对创新投入的需求不同：技术创新开发需要大量的创新投入，但是能获得垄断性的创新回报；技术引进和技术消化吸收对创新投入的需求较小，要素周转比技术创新开发要快得多。外资研发介入可能会改变市场的竞争结构，导致内资企业创新能力的萎缩，迫于生存压力，企业创新战略由技术开发向技术引进转变。这种战略改变也使得内资企业研发要素投入减少。

通过研究我们可以发现，不同的外资研发要素介入对内资企业创新要素投入的影响不同，但是外资研发对内资企业创新投入总体影响仍然难以界定。通过对外资研发介入的微观研究可以为政府制定相关创新政策、全面把握宏观创新环境提供一定的指导。

其他自变量对创新投入的影响符合预期。企业销售收入的增加是促进企业创新资金和劳动要素投入水平的最主要因素；而政府 R&D 支持对两种要素的影响则有所不同，政府 R&D 支持的资金投入和劳动投入系数分别为-0.072 和0.048，说明政府直接支持会减少企业创新资金投入，增加创新劳动投入。这说明政府的 R&D 直接支持总体上提高了企业的创新投入，因此企业的创新劳动投入增加，但是由于直接的支持相当于政府帮企业支付了一定投入资金，因此企业自己支付的创新投资投入减少。

(三) 按外资研发介入强度分组的进一步分析

进一步按照外资研发经费介入强度将 27 个省份分成 3 组[①]（见表 6-4）。高介入强度（介入度≥20%）包括上海、福建、北京、广东、天津、江苏、浙江 7 个东部省份；中介入强度（介入度 10%~20%）包括广西、江西、湖北、重庆、内蒙古、海南、安徽、河南 8 个省份，其中东部省份 2 个，中部省份 5 个，西部省份 1 个；低介入强度（介入度<10%）包括宁夏、河北、山东、吉林、黑龙江、辽宁、四川、湖南、云南、陕西、山西、贵州 12 个省份，其中东部省份 3 个，中部省份 4 个，西部省份 5 个。

表 6-4　我国 27 个省份外资研发经费介入强度的省份分组

区域	省份	外资研发经费介入强度	省份分组	备注
东部	上海	0.6099	外资研发高介入强度省份（介入度≥20%）	东部 7 省份
东部	福建	0.5698		
东部	北京	0.4022		
东部	广东	0.3897		
东部	天津	0.3678		
东部	江苏	0.2644		
东部	浙江	0.2163		
东部	广西	0.1671	外资研发中介入强度省份（介入度 10%~20%）	东部 2 省份 中部 5 省份 西部 1 省份
中部	江西	0.1478		
中部	湖北	0.1331		
西部	重庆	0.1302		
中部	内蒙古	0.1164		
东部	海南	0.1112		
中部	安徽	0.1102		
中部	河南	0.1004		

① 考虑到外资研发经费介入和外资研发劳动介入存在一定的相关关系，并且使得分组的数据具有可比性，因此分组依据仅按研发经费分组。

续表

区域	省份	外资研发经费介入强度	省份分组	备注
西部	宁夏	0.0930	外资研发低介入强度省份（介入度<10%）	东部3省份 中部4省份 西部5省份
东部	河北	0.0884		
东部	山东	0.0792		
中部	吉林	0.0722		
中部	黑龙江	0.0600		
东部	辽宁	0.0590		
西部	四川	0.0474		
中部	湖南	0.0453		
西部	云南	0.0435		
西部	陕西	0.0251		
中部	山西	0.0272		
西部	贵州	0.0137		

注：这里的外资研发介入强度指1998~2008年的外资研发经费介入强度平均值；东部、中部、西部的划分按照《中国统计年鉴》的划分标准。

从图6-2中可以发现，外资研发介入对自主创新经费投入的影响与外资研发介入水平具有一定的相关关系。在外资研发介入高的地区，外资研发经费投入对内资企业创新经费投入的抑制效应比较显著，外资研发劳动投入对内资企业创新劳动投入的促进作用也比较明显。外资研发溢出的过程其实就是内资企业研发投入变动的过程，从时间上来说是先有外资介入导致一系列市场条件发生变化的因，到内资企业主动或者被动进行研发投入变动到外资研发知识溢出的果。在两者技术水平不存在明显鸿沟的情况下，外资研发介入度越高，这种溢出效应就越显著，对应的内资企业研发投入变动越敏感。这种对研发投入的抑制或者促进作用在外资介入度不高的地区（中介入度和低介入度）效果不明显，主要原因可能是存在一个最小的知识接受人群，即存在一个知识扩散门限，在门限之下，外资研发的介入对内资研发投入基本没有影响。外资研发在中国的空间表现为高度聚集在东部沿海少数省份，据统计，2007年，上海和北京分别占据了全国24%和23%的跨国R&D机构，东部沿海占全国 1223 家跨国公司 R&D 机构的 96%，而从表 6-4 中可以发现，7 个高介入度的省份全部为东部区域省份，这种区域上的集中也可能是企业创新研发经费投入对外资研发中介入度和外资研发低介入度不敏感的原因。

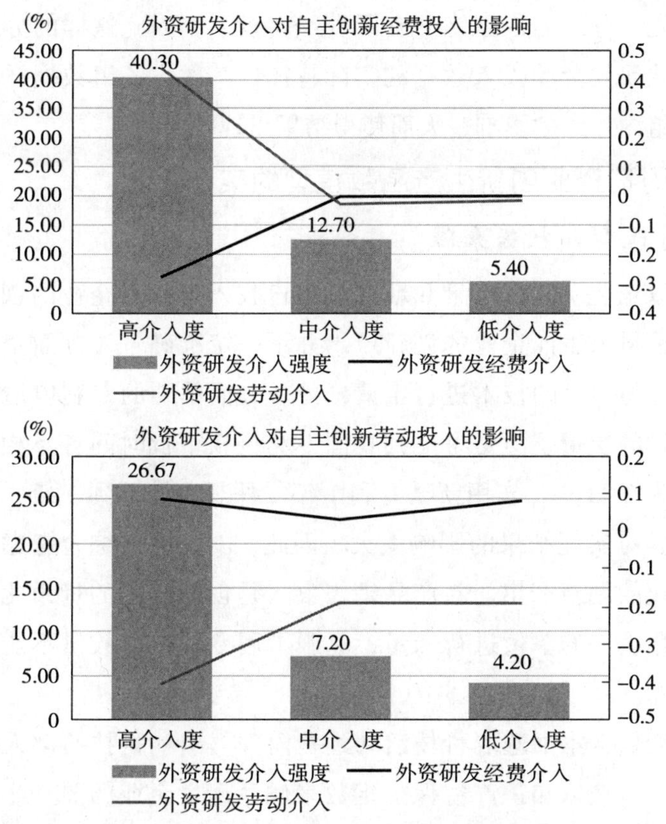

图 6-2　外资研发介入对内资企业自主创新投入的影响

外资研发介入强度对内资企业自主创新劳动的投入的影响呈两端高、中间低的格局。具体表现为，高介入度和低介入度的外资研发经费介入对企业创新劳动投入的促进作用高，中介入度的外资研发经费对企业创新劳动投入的促进作用低，高介入度和低介入度的外资研发劳动介入对企业创新劳动投入的抑制作用高，中介入度的外资研发劳动对企业创新劳动投入的抑制作用低。外资研发中介入度抑制、促进作用出现转折可能与外资资源的投入分布及数据选取有关。①资源投入。统计表明，跨国公司 R&D 机构中 95%都是应用与技术支持人员，仅 5%是从事基础研究的人员（杜德斌，2009），而这些外资公司出于信息和交流的需要，往往在产业集聚地进行选拔基础研究人员。这种投入的差异可能会导致中介入度地区和低介入度地区的影响差异。②数据选取。首先，分组的依据是外资研发经费投入，因此这样的分组可能并不能很好地反映研发劳动投入数据的实际特征；其次，各组数据样本数量不一致可能导致组内差距的影响过大而使得结果出现一定的偏差。

（四）内资企业创新生产函数模型的实证检验

1. 变量选取和数据来源

本书选取企业专利申请量和新产品销售收入来衡量企业的创新产出。尽管用专利申请量来表征企业的创新产出并不一定准确，一方面企业为了保密的需要不一定将自己的技术进行申请，另一方面单纯的专利申请数量并不能反映专利申请的质量。但是考虑到我国专利授权审批时间各不相同，发明专利审批时限为 2~3 年，实用新型专利 1 年，外观设计不到 1 年，三种专利的时间间隔差异对实证结果的影响太大。因此，本书通过综合考虑，用专利申请来反映企业的创新产出。新产品销售收入是创新产出的货币化，它将不同的创新产出用统一的单位进行衡量，克服了用专利申请数量不能反映专利申请质量的弊端。

对于自变量，本书选取科技活动经费内部支出和科技活动人员来衡量企业的创新投入，选取知识产权保护指数来侧面衡量企业的要素生产效率。需要指出的是，目前并没有相关的统计指标能够直接反映企业的创新要素生产效率，本书选取知识产权保护指数来衡量企业的创新要素生产效率主要基于以下思考：①创新要素生产效率的提高来源于技术进步，而显然，技术进步速度和国家的宏观知识保护政策正相关，知识保护力度越大，技术进步的速度越快；②创新生产效率的提高和企业的自主性也有关系，研发活动的产出是技术或者知识，具有明显的扩散效应，而知识产权保护是从行政角度来保护创新产出所有人的垄断地位，提高了创新产出的收益，基于这样的思考，对知识产权保护力度的加大能够提高企业的主观效率。

本章所涉及变量如企业专利申请量、新产品销售收入、科技活动经费内部支出、科技活动人员数量均来自《中国科技统计年鉴》，知识产权保护指数来自樊纲、王小鲁等编著的《中国市场化指数》一书。根据知识产权保护指数可以发现，现在知识产权保护指数最高的地区为上海，其次为江苏、浙江、天津、广州、北京，基本上均为东部沿海地区。1998～2008 年，我国知识产权保护呈现东部沿海不断加强、中西部地区平稳缓慢上升的态势，如图 6-3 所示。

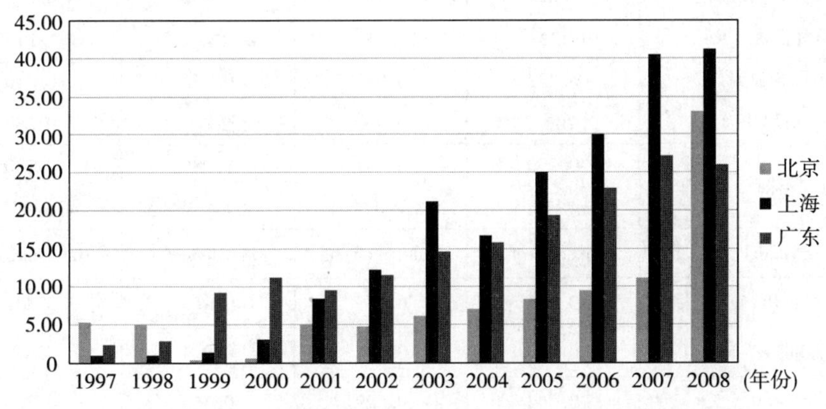

图 6-3　1997～2008 年北京、上海、广东知识产权保护指数

从图 6-3 中可以看出，北京、上海、广东三个省市的知识产权保护指数同步上升，其中上海、广东趋势非常明显，北京 2007 年之后也突然加大了知识产权的保护力度。然而西部地区的知识产权保护并没有明显的改善。西藏、贵州、河北、山西等省份知识产权保护指数 1997 年和 2008 年相差不大，且基本维持低位。

2. 实证结果分析

表 6-5 列示了我国 27 个省份自主创新产出的面板数据分析结果。该实证结果检验效果较好，绝大部分自变量系数都通过了 1%显著性的 t 检验。Hausman 检验值分别为 0.14 和 5.10，依据 Hausman 检验的基本原理应接受零假设，即优先使用随机效应。但是观察到两种模型 R^2 值固定效应模型明显大于

随机效应模型，且非常接近于1，说明固定效应模型的拟合度明显高于随机效应模型，因此，本书选取固定效应模型进行分析。

表 6-5　我国 27 个省份自主创新产出的面板数据分析结果

因变量 / 自变量	内资企业专利申请量（PATE）		内资企业新产品销售收入（NEWSALES）	
C	2.766 19.526***	3.070 19.722***	1.914 20.631***	2.206 16.729***
内资企业研发经费投入（K）	0.822 16.433***	0.772 12.100***	0.928 26.942***	0.879 19.219***
内资企业研发人员投入（L）	0.232 2.202***	0.033 0.400	0.178 2.266***	0.019 0.280
知识产权保护（IPPI）	0.290 6.733***	0.441 8.444***	0.086 2.840***	0.180 4.549***
Model	Fixedeffects	Randomeffects	Fixedeffects	Randomeffects
R^2	0.955	0.779	0.976	0.842
Adjusted-R^2	0.950	0.777	0.974	0.840
s. e	0.540	0.529	0.365	0.364
F	193.744	344.517	377.177	519.169
Prob>F	0.000	0.000	0.000	0.000
D. W.	1.429	1.218	1.419	1.501
W	0.140226		5.095734	
样本组数	27	27	27	27
样本总数	297	297	297	297

实证结果表明，研发经费投入、科研人员投入对专利申请的弹性分别为0.822和0.232，该结果符合预期。研发经费投入每增加1个百分点，内资专利申请就提高0.822个百分点的产出；研发人员投入每增加1个百分点，内资专利申请就提高0.232个百分点的产出。对新产品销售收入的实证结果和对专利申请的分析结果基本相同，但是观察到，研发经费的投入在新产品销

售收入影响中更加具有相对优势，即研发经费投入每增加1个百分点，内资新产品销售收入能提高0.928个百分点，相比研发经费投入对专利申请的影响提高了0.1个百分点，而研发人员投入则表现相反，研发人员投入的影响系数相比对专利申请的影响下降0.05个百分点。根据上文分析，新产品销售收入比专利申请更具一般的衡量意义，即将创新产出用统一的单位进行了衡量，并体现出不同产出之间的价值差异，说明创新产出更加倾向于资本密集型。知识产权保护力度对两种产出衡量指标均呈现显著的促进作用，对专利申请和新产品销售收入的影响分别为0.29、0.086，该实证结果符合预期。

3. 按外资研发介入强度分组的进一步分析

按照前文的分组，本书将我国27个省份分三组对创新产出生产函数进行实证研究。研究结果中高介入度、中介入度的回归结果基本都通过了90%的置信度的t检验，但是低介入度分组的检验效果不太好，这可能和该组的数据情况有关。按照表6-4的统计数据，低介入度分组中介入度最大的是宁夏，外资研发经费介入为9%，最低的是贵州，外资研发经费介入为1%，平均为不足5%，而高介入分组的外资研发经费介入最低为21%，最高达到60%。介入程度过低导致数据统计结果不显著。本小节的分析仅考虑高介入度、中介入度的情形，低介入度的情形不进行分析。

从表6-6中可以发现，不管是对内资企业专利申请量还是对内资企业新产品销售额进行面板数据回归，回归的结果都显示在外资研发经费介入程度高的地区，内资企业研发劳动投入所带来的创新产出弹性都比外资研发经费介入度中等的地区大。知识产权保护所带来的创新产出弹性和外资研发经费介入度也呈现一定的正相关关系。考虑到我们分组的依据是外资研发经费介入比例，因此回归的结果为外资研发溢出提供了依据。在外资研发介入高的地方，人员流动使得内资企业充分享受到了外资企业先进的生产、管理技术溢出的好处，这使得内资企业平均劳动人员相比外资研发介入低的地方生产力更高，从而创新产出中来自劳动投入的弹性也越大。

表 6-6 我国内资企业创新产出按研发经费介入度分组面板数据实证结果①

内资企业专利申请量			
	高介入度	中介入度	低介入度
内资企业研发经费投入（K）	0.692	0.979	0.904
内资企业研发劳动投入（L）	0.563	0.26	-0.1333
知识产权保护（IPPI）	0.36	0.22	0.117
内资企业新产品销售额			
	高介入度	中介入度	低介入度
内资企业研发经费投入（K）	0.69	0.95	0.84
内资企业研发劳动投入（L）	0.25	0.18	0.72
知识产权保护（IPPI）	0.117	0.08	0.17

（五）基于投入—产出两阶段模型的溢出效应综合分析

1. 全国综合分析的结果

实证分析的计算结果表明，外资研发经费介入对我国自主创新产出呈现抑制作用，外资研发劳动人员介入对我国自主创新产出呈现促进作用。尽管在创新产出分析中，专利申请、新产品销售两种产出的分析结果存在很大的差异性，但是综合创新投入和创新产出的实证结果两者表现非常趋同，综合来说，外资研发介入对新产品销售的影响要大于对专利申请的影响。并且外资研发经费介入的抑制作用强度和外资研发劳动人员介入的促进作用强度在量上也差不多，见表 6-7。

表 6-7 外资研发介入对我国自主创新产出的影响

内资企业创新投入实证分析结果		
	内资企业研发经费投入	内资企业研发劳动人员投入
外资研发经费介入	$\frac{\partial k}{\partial pk}=-0.055$	$\frac{\partial l}{\partial pk}=0.062$
外资研发劳动人员介入	$\frac{\partial k}{\partial pl}=0.074$	$\frac{\partial l}{\partial pl}=-0.127$

① 高、中、低介入度分组依据见表 6-4 所涉及内容；知识产权保护指数用来衡量要素中性下的创新要素生产率，具体的解释过程见图 6-1、图 6-3 所涉及内容。

续表

内资企业创新产出实证分析结果		
	内资企业专利申请量	内资企业新产品销售收入
内资企业研发经费投入	$\frac{\partial pate}{\partial k}=0.822$	$\frac{\partial newsale}{\partial k}=0.928$
内资企业研发劳动人员投入	$\frac{\partial pate}{\partial l}=0.232$	$\frac{\partial newsale}{\partial l}=0.178$
外资研发介入对内资企业创新产出的影响		
	内资企业专利申请量	内资企业新产品销售收入
外资研发经费介入	$\frac{\partial pate}{\partial pk}=-0.030826$	$\frac{\partial newsale}{\partial pk}=-0.040004$
外资研发劳动人员介入	$\frac{\partial pate}{\partial pl}=0.031364$	$\frac{\partial newsale}{\partial pl}=0.046066$

注：按照本书分析，本表中所涉及的变量均为对数变量。

之所以呈现这样的结果可以从两个方面来分析：①定量分析。虽然外资研发经费介入在促进内资企业研发劳动投入、抑制内资企业研发经费投入在量上差不多，但是由于创新产出经费弹性远大于劳动弹性，因此最终的结果表现出外资经费介入的强抑制。而外资研发劳动介入尽管抑制了内资企业研发劳动介入，但是由于其对内资企业研发经费具有促进作用，因此最终的结果表现出外资劳动介入的促进作用。②定性分析。外资研发的溢出路径主要有三种：示范与竞争、产业链联系、人力资本流动。上文分析到内外资企业的生产效率差异会使得内资企业减少相同要素的投入，但是由于人力资本经常流动，这使得内资企业在劳动边际产出上的差距不断缩小，而且劳动流动不仅会带来技术、管理的溢出，很多研究表明跨国公司子公司下的许多企业由原来的雇员创办。外资企业现在的研发人员投入相当于为内资企业未来培育了一批有高技术、先进管理经验的员工。因此，外资企业研发人员投入越多，基于人力资本流动的溢出效应就越强。而外资研发经费介入一方面抢占内资企业的经费资源，另一方面缺少像劳动力一样的流动溢出机制，因此外资研发经费介入从长期来看是抑制内资创新能力的，外资研发经费投入会使内外资企业之间的边际产出相差越来越大。

2. 按外资研发介入度分组的进一步分析

表 6-8 分组的结果充分显示了外资研发经费与外资研发劳动人员介入的不同影响。从不同的因变量来看，内资企业新产品销售收入与内资企业专利申请量的实证结果在高、中介入度下均差异不大；从不同自变量来看，外资研发经费介入与外资研发劳动人员介入对内资企业自主创新产出的影响和外资研发经费介入强度具有很大的影响。

表 6-8 外资研发介入对内资企业创新产出的影响分组结果

高介入度		
	内资企业专利申请量	内资企业新产品销售收入
外资研发经费介入	$\frac{\partial pate}{\partial pk}=-0.1554$	$\frac{\partial newsale}{\partial pk}=-0.1820$
外资研发劳动人员介入	$\frac{\partial pate}{\partial pl}=0.07834$	$\frac{\partial newsale}{\partial pl}=0.2039$
中介入度		
	内资企业专利申请量	内资企业新产品销售收入
外资研发经费介入	$\frac{\partial pate}{\partial pk}=0.0092$	$\frac{\partial newsale}{\partial pk}=0.0065$
外资研发劳动人员介入	$\frac{\partial pate}{\partial pl}=-0.078$	$\frac{\partial newsale}{\partial pl}=-0.0619$
低介入度		
	内资企业专利申请量	内资企业新产品销售收入
外资研发经费介入	$\frac{\partial pate}{\partial pk}=-0.0277$	$\frac{\partial newsale}{\partial pk}=0.04203$
外资研发劳动人员介入	$\frac{\partial pate}{\partial pl}=0.0306$	$\frac{\partial newsale}{\partial pl}=-0.1297$

注：由于在低介入度下第二阶段检验的显著性不高，因此在本书中不进行分析。

在外资研发介入强度高的地区，外资研发经费介入对内资企业创新产出呈现抑制作用，外资研发劳动人员介入对内资企业创新产出呈现促进作用；而在外资研发介入强度中等的地区外资研发经费介入对内资企业创新产出呈现促进作用，外资研发劳动人员介入对内资企业创新产出呈现抑制作用。这种结果与高中介入度省份的具体情况有关：高介入度地区主要是我国东部发达地区，外资介入程度很高，市场竞争激烈，这里聚集着的内资企业从规模、综合实力和员工素质方面来说都相对较高，内外资之间的合作比较紧密，公司提供的薪资福利相差不大，因此人员流动相对中等介入度地区而言要高很多，企业受到来自外资人员流动带来的技术、管理溢出较高；外资研发经费中等介入地区主要在中国的中部地区，内外资企业的技术差距造成内资企业技术吸收能力较弱，而且外资企业具有竞争力的薪资使得内资企业人员净流出，内资企业非但没有享受人员流动带来的技术溢出，反而由于人员流失自主创新能力受到抑制；另一个可能的原因是在外资研发经费中等介入地区，外资研发人员从事基础研究的比例较小，大部分是从事技术开发与技术支持的人员，这种情况也使得即使发生了人员流动，也不大可能给内资企业带来具有意义的劳动生产率的提升。除此之外，不同分组之间的相互影响也有可能使得具有高技术、管理经验的人才向高介入度地区流动，从而中介入度地区根本无法享受人员流动带来的技术溢出。

3. 对外资研发双刃剑效应的印证

外资研发两种不同要素介入对内资企业投入与产出具有不同的影响。从对投入的影响来看，外资研发经费介入抑制内资研发经费投入，促进内资研发劳动投入；外资研发劳动介入抑制内资研发劳动投入，促进内资研发经费投入。从对产出的影响来看，外资研发经费抑制内资企业自主创新产出，外资研发劳动促进内资自主创新产出；进一步按外资研发经费介入分组的结果显示高介入度省份两种要素介入的影响与全国相同，而中介入度的情况则和全国相反，低介入度由于统计不显著而没有进一步分析。

实证检验的结果显示，外资研发在中国的活动对我国企业的自主创新能力既有促进作用又有抑制作用，这在一定程度上印证了双刃剑效应理论。其中，促进作用主要表现在，外资研发活动人员的介入，会促进我国企业的创新投入和产出，证明在华外资研发活动虽然主要利用甚至抢夺了我国优秀的高技术人才，但是，其对我国人才的培训起到了非常重要的作用，而这些人才的回流和交流带来了正向的技术溢出效应。而抑制作用主要表现在外资研发经费投入方面，外资研发经费的大量投入，使得我国科技人才和科技资源流向外资企业，压制了内资企业自主创新的积极性，在一些行业甚至对内资企业有较为明显的挤出效应。在科技研发资源总量相对固定的情况下，外资研发活动的介入，对内资企业的创新积极性和创新实力带来更大的挑战。

三、产业层面外资研发与自主创新交互影响的实证[①]

（一）变量选取和数据来源

1. 变量选取

由于省域层面的外资研发数据自2009年后不可得，在外资研发与自主创新交互影响方面，以高技术产业数据为基础进行，实证分析中，创新投入具体表现为企业研发投入，分别以研发经费、研发人员代表资本和劳动两种创新要素，创新产出具体表现为专利申请量与新产品销售收入。按照上文的模型设计，对创新投入模型和创新产出模型的变量选取如表6-9、表6-10所示。

表6-9　创新投入模型各项变量及其定义

变量		变量含义
因变量	内资企业研发经费投入（K）	高技术产业研发经费内部支出-高技术产业外资企业研发经费内部支出
	内资企业研发人员投入（L）	高技术产业研发活动人员-高技术产业外资企业研发活动人员
自变量	外资企业研发经费介入比例（PK）	高技术产业外资企业研发经费内部支出/高技术产业研发经费内部支出
	外资企业研发人员介入比例（PL）	高技术产业外资企业研发活动人员/高技术产业研发活动人员
控制变量	内资企业收入水平（SALES）	高技术产业产品销售收入-高技术产业外资企业产品销售收入
	市场劳动力（EMPLOYEE）	高技术产业从业人员年平均人数-高技术产业外资从业人员年平均人数
	政府R&D支持（PG）	高技术产业科技活动经费筹资政府支持额/高技术产业科技活动经费筹资总额

① 部分内容参见：祝影，孙锐，翟峰．外资研发如何影响自主创新？——基于外资研发溢出路径的模型与实证[J]．科研管理，2016，37（12）：28-36.

表 6-10　创新产出模型各项变量及其定义

<table>
<tr><th colspan="2">变量</th><th>变量含义</th></tr>
<tr><td rowspan="2">因变量</td><td>内资企业专利申请量（PATE）</td><td>通过内资企业专利申请量，来衡量企业的创新产出</td></tr>
<tr><td>内资企业新产品销售收入（NEWSALES）</td><td>通过内资企业新产品销售收入，来衡量企业的创新产出</td></tr>
<tr><td rowspan="2">自变量</td><td>内资企业研发经费投入（K）</td><td>高技术产业研发经费内部支出-高技术产业外资企业研发经费内部支出</td></tr>
<tr><td>内资企业研发人员投入（L）</td><td>高技术产业研发活动人员-高技术产业外资企业研发活动人员</td></tr>
<tr><td>控制变量</td><td>内资企业规模（SIZE）</td><td>内资企业主营业务收入/内资企业数量</td></tr>
</table>

2. 数据来源

本节选取高技术产业的 11 个子行业作为研究对象研究外资研发与自主创新之间的交互影响，11 个高技术细分行业分别是：化学药品制造，中成药制造，生物、生化制品的制造，通信设备制造，电子器件制造，电子元件制造，家用视听设备制造，其他电子设备制造，电子计算机整机制造，医疗设备及器械制造，仪器仪表制造。数据来源于《中国高技术统计年鉴》（2005~2013）。其中外资企业包含三资和港澳台地区外资企业，如无特别说明，均为大中型工业企业数据。此外，由于统计口径变化，政府资金的科技经费筹集额自 2009 年起不可得，之后采用 R&D 经费内部支出中各级政府部门资金与 R&D 经费内部支出之比表示政府 R&D 支持力度。

（二）实证结果分析

1. 创新投入模型

表 6-11 为 11 个高技术行业外资研发投入对中国内资企业研发经费投入和研发人员投入的影响。自变量系数都通过了 10%显著性检验，该检验效果较好。Hausman 检验值 W 分别为 210.263224、162.368652，表明应该优先采用固定效应模型，且固定效应模型拟合程度优于随机效应模型。

表 6-11　高技术产业 11 个行业创新投入的面板数据实证结果

自变量＼因变量	内资企业研发经费投入（K）	内资企业研发人员投入（L）
外资企业研发经费介入比例（PK）	-1.578230 -3.677010***	0.714205 2.307347***
外资企业研发人员介入比例（PL）	1.250478 3.383728***	-0.86297 -3.225182***
内资企业收入水平（SALES）		1.200134 9.659495***
市场劳动力（EMPLOYEE）	0.800931 7.270097***	-0.07172 -0.593115
政府 R&D 支持（PG）	-0.545009 -3.567609***	-0.250118 -2.562228***
R^2	0.519197	0.794361
AdjustedR^2	0.496025	0.781822
s. e.	0.870314	0.544299
F	22.40694	63.35139
D. W.	0.289583	0.661005

注：单元格第二行为对应 t 值；*、**、***分别表示 10%、5%和 1%的显著性水平；本书数据分析均采用 EVIEWS6.0 软件。

创新投入模型实证结果表明：①外资研发经费投入促进内资企业研发人员投入，外资研发人员投入促进了内资企业研发经费投入。②外资研发经费投入抑制内资企业研发经费投入，外资研发人员投入抑制内资企业研发人员投入。③高技术产业从业人员增加会促使内资企业研发经费增加，政府 R&D 支持会抑制内资企业研发经费和人员投入，内资企业营业收入增加会促使内资企业研发人员投入。

2. 创新产出模型

表 6-12 为 11 个高技术行业内资企业创新投入影响创新产出的实证结果。自变量系数都通过了 10%显著性检验，该检验效果较好。Hausman 检验值分

别为 7.259614 和 3.320765，依据 Hausman 检验的基本原理应接受零假设，即使用随机效应模型。因此选取随机效应模型来进行分析。

表 6-12　高技术产业 11 个行业创新产出的面板数据实证结果

自变量＼因变量	内资企业专利申请量（PATE）	内资企业新产品销售收入（NEWSALES）
内资企业研发经费投入（K）	0.544436 2.735651***	0.381740 2.602221**
内资企业研发人员投入（L）	0.346935 1.767178*	0.367123 2.536918**
内资企业规模（SIZE）	0.401927 1.854217*	0.284579 1.781061*
R^2	0.919266	0.962546
Adjusted-R^2	0.905083	0.955966
s. e.	0.405344	0.298786
F	64.81454	146.2889
D. W.	1.568219	1.367409

注：单元格第二行为对应 t 值；*、**、***分别表示 10%、5%和 1%的显著性水平；本书数据分析均采用 EVIEWS6.0 软件。

创新产出模型实证结果表明：①内资企业研发经费投入和研发人员投入对内资企业专利申请量和内资企业新产品销售收入具有促进作用。②内资企业规模会对内资企业专利申请量和内资企业新产品销售收入产生促进作用。

3. 模型联合分析

基于 11 个高技术行业的创新投入模型和创新产出模型的实证分析结果分别代入式（6-10）和式（6-11），计算结果如表 6-13 所示。

联合分析的实证结果表明：①外资企业研发经费投入会减少内资企业专利申请量，外资企业研发经费的投入会减少内资企业新产品销售收入；②外资企业研发人员投入会增加内资企业专利申请量，外资企业研发投入会增加内资企业新产品销售收入。

表 6-13 外资研发投入对自主创新产出的影响：联合分析的结果

内资企业创新投入实证分析结果		
	内资企业研发经费投入	内资企业研发人员投入
外资企业研发经费投入	$\frac{\partial k}{\partial pk}=-1.578230$	$\frac{\partial l}{\partial pk}=0.714205$
外资企业研发人员投入	$\frac{\partial k}{\partial pl}=1.250478$	$\frac{\partial l}{\partial pl}=-0.86297$
内资企业创新产出实证分析结果		
	内资企业专利申请量	内资企业新产品销售收入
内资企业研发经费投入	$\frac{\partial pate}{\partial k}=0.544436$	$\frac{\partial newsale}{\partial k}=0.381740$
内资企业研发人员投入	$\frac{\partial pate}{\partial l}=0.346935$	$\frac{\partial newsale}{\partial l}=0.367123$
外资研发介入对内资企业创新产出的影响		
	内资企业专利申请量	内资企业新产品销售收入
外资企业研发经费投入	$\frac{\partial pate}{\partial pk}=-0.611463$	$\frac{\partial newsale}{\partial pk}=-0.340272$
外资企业研发人员投入	$\frac{\partial pate}{\partial pl}=0.381411$	$\frac{\partial newsale}{\partial pl}=0.160541$

注：表中所涉及的变量均为对数变量。

（三）溢出路径分析

基于资本和劳动两种创新要素的实证分析结果显示，外资研发经费投入抑制内资研发经费投入，促进内资研发人员投入，最终对内资企业创新产出产生正效应；外资研发人员投入抑制内资研发人员投入，促进内资研发经费投入，最终对内资企业创新产出产生负效应，从实证上支持了双刃剑论。具体如图 6-4 所示。

一是外资企业研发投入对内资企业研发投入产生直接影响。①外资企业研发经费投入促进内资企业研发人员投入，外资企业研发人员投入促进内资企业研发经费投入。首先，外资企业研发投入改变了市场的研发劳动和资本投入，使得内资企业的劳动和资本边际产出发生变化，内资企业出于效益最大化原则，会相应调整自身的研发资本和劳动投入。其次，相比内资企业，外资企业在支付薪酬、员工发展方面具有明显的优势，良好的信誉、庞大的规模使得外资企业在筹集资金方面具有明显的优势，外资企业介入会对市场

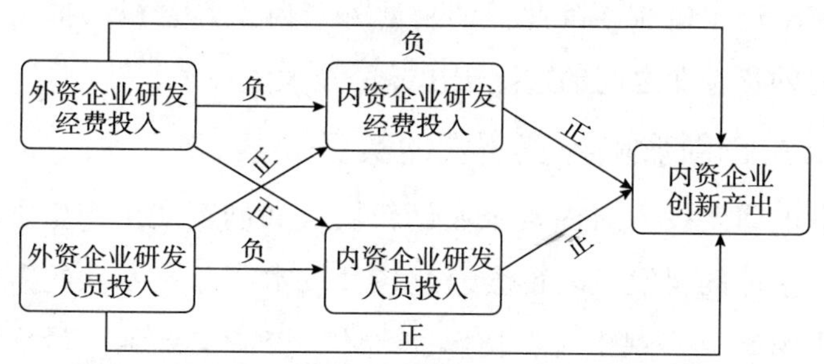

图 6-4　外资企业研发投入影响内资企业创新产出的溢出路径与溢出效应

的要素供给产生一定的影响。最后，在一个内外资具有密切联系的产业链中，外资企业增加研发投入势必会使内资企业相应增加一定的研发投入以达到同外资企业在技术与产品上处于同步水平。②外资企业研发经费投入抑制内资企业研发经费投入，外资企业研发人员投入抑制内资企业研发人员投入。首先，在一定时间内市场要素的供给是有限的，外资研发投入势必会和内资企业形成一种资源竞争关系；其次，内资企业在资金和劳动的边际产出上存在一定的差距，面对外资企业的竞争时，外资效率优势会使内资企业不得不减少相同要素的投入；最后，外资研发介入可能会改变市场的竞争结构，迫使内资企业创新战略由技术开发向技术引进转变，从而减少创新投入。

二是内资企业研发投入对内资企业研发产出产生直接影响。内资企业研发经费和研发人员投入对内资企业研发产出产生促进作用。根据柯布—道格拉斯生产函数，投入决定产出是必然的结果，在此不做解释。

三是外资企业研发投入对内资企业研发产出产生间接影响。外资研发经费投入对内资企业创新产出呈现抑制作用，外资研发人员投入对内资企业创新产出呈现促进作用。首先，从定量角度来说，由于创新产出经费弹性远大于劳动弹性，最终结果表现出对外资研发经费投入的强抑制；而外资研发人员投入尽管抑制了内资企业研发人员投入，但是由于其对内资企业研发经费具有促进作用，最终结果表现出对外资研发人员投入的促进。其次，从定性角度来说，外资企业研发人员投入越多，基于人力资本流动的溢出效应就越强；而外资研发经费介入一方面抢占内资企业的经费资源，另一方面缺少像劳动一样的流动溢出机制，因此长期来看外资研发经费投入抑制内资创新产出，且使得内外资企业之间的边际产出差距拉大。

(四) 自主创新影响外资研发的实证探索

外资企业的研发投入对内资企业创新投入和创新产出产生影响，与此同时，内资创新主体的研发投入也会通过各种技术或非技术性的渠道对外资企业的研发产生影响，实现市场、技术、人才、资源全要素的最优配置，是内外资创新主体共同博弈的过程。在此仍以高技术产业的 11 个子行业作为研究对象，对自主创新影响外资研发的机制进行尝试性探索。

由于我们更加关注内资企业自主创新投入的增加会不会带来外资研发创新投入的跟随效应，因此，仅需要构建内资企业创新投入影响外资企业创新投入的模型。基于创新投入模型，计算出 11 个高技术行业内资研发投入对外资企业研发经费投入和研发人员投入的影响（见表 6-14）。自变量系数都通过了 10%的显著性检验，该检验效果较好。经过 Hausman 检验应该优先采用固定效应模型，且固定效应模型拟合程度优于随机效应模型，模型中“内资企业研发经费投入”这一指标未通过检验，因此没有采用该变量。

表 6-14　高技术产业 11 个行业创新投入的面板数据实证结果

自变量 \ 因变量	外资企业研发经费投入（PK）	外资企业研发人员投入（PL）
内资企业研发人员投入（L）	1. 250478 4. 329839**	0. 496038 3. 097533**
外资企业从业人员（PEMPLOYEE）	0. 800931 3. 746842***	1. 275575 4. 648846***
外资企业规模（PSIZE）	0. 362030 2. 074943	0. 283713 1. 408608
R^2	0. 941276	0. 916467
AdjustedR^2	0. 932295	0. 903691
s. e.	0. 157261	0. 181540
F	104. 8042	71. 73538
D. W.	1. 585478	1. 301243

注：单元格第二行为对应 t 值；*、**、***分别表示 10%、5%和 1%的显著性水平；本书数据分析均采用 EVIEWS6. 0 软件。

内资企业创新投入影响外资企业创新投入的实证结果表明：①内资企业研发人员投入促进外资企业研发人员投入。②外资企业规模扩大会促进外资企业研发经费投入和企业研发人员投入。③外资企业从业人数增加会促使外资企业研发经费增加和企业研发人员投入。

相比于外资企业对内资企业研发人员投入的影响而言，内资企业的研发人员投入可以同时促进外资企业研发经费和研发人员投入，具有正向的影响作用；而内资企业的研发经费投入对外资企业的研发经费投入不产生影响。主要是由于市场竞争效应的存在，当内资企业加大研发人员投入力度时，外资企业也会相应加强研发人员投入力度以保持市场竞争地位。但是，外资企业的研发投入与企业的全球战略相关，内资企业的研发资金投入并不会对外资企业的研发投入产生影响。

四、外资研发与自主创新的耦合机制讨论

在外资企业创新投入直接影响内资企业创新投入而间接影响内资企业创新产出的逻辑假设和理论建构之上，实证研究结果发现，在外资研发影响自主创新的过程中，外资研发经费投入的抑制作用和外资研发人员投入的促进作用并存，从实证上印证了“双刃剑”理论。结论与启示如下：①在外资研发投入与内资研发投入的关系中，同种要素互相抑制，而不同要素互相促进，证明在特定时段内要素市场的供给量相对有限。②外资研发经费投入抑制内资创新产出，证明外资进入会抢占国内研发资源，在竞争中压制内资企业。③外资研发人员投入促进内资创新产出，证明人才的流动会导致知识和技术等方面的正向溢出。

具体到资本和劳动两种创新要素的内外资影响方面，外资创新投入影响内资创新投入的结果是：外资研发经费投入抑制内资研发经费投入，但外资企业作为内资企业重要的知识源，其研发费用的投入能够有效促进内资研发人员投入；从外资研发人员投入角度来看，外资研发人员的投入会抑制内资研发人员投入，但相应地会促进内资研发经费投入。内资创新投入影响外资创新投入的结果是：内资企业创新投入对外资企业创新投入的影响主要表现

在人力投入上，内资研发人力投入会促使外资研发人力投入，但内资研发经费的投入并不会对外资研发经费投入产生影响。可见两者交互影响的路径并不一致，但研发人力始终是其中最关键的因素。

以“人”为载体的外资研发与自主创新耦合机制的探索可以在创新投入、创新产出和创新环境三个方面加以解释。

1. 创新投入方面

外资研发与自主创新在创新投入方面的耦合关系分别体现在资金和人力上。在研发资金上，外资企业研发资金的投入一方面会刺激内资企业提升自主创新能力抢占一定的市场地位，另一方面只有在技术水平达到外资企业要求的内资企业才能进入其全球供应链体系。内资企业的研发投入增加，也将影响外资企业在中国研发投资的决策，一是研发活动倾向于自主创新活跃、研发资源丰富的区域布局；二是本地的资本可以更好地实现与外资企业之间的匹配、衔接。在研发人力上，外资在中国研发活动很大程度上是要利用廉价而优质的中国高素质人才，造成大量中国优秀人才的国内流失，但同时也会提升东道国人力资本的质量，为东道国企业开展自主创新活动提供更为优质的人力资源保障，这些经过外资企业全球培训体系和管理体系进一步培养的人才一旦回流，会给内资企业带来更前沿的知识技术和更先进的管理理念。

2. 创新产出方面

外资研发与自主创新在创新产出方面的耦合关系分别体现在技术转移与技术外溢上。技术转移可分为两种途径：一是通过在东道国进行直接投资等内部化形式，经设立独资企业或者合资企业实现技术的转移；二是通过技术援助、分包等外部化形式，推动东道国在引进、吸收外国先进技术的基础上有效实现技术的二次创新。技术外溢对自主创新的影响主要通过三种效应来实现：一是外资企业的示范以及内资企业的模仿；二是人员流动与沟通；三是产业间的相互联系。此外，外资研发通过技术渠道对自主创新产生的影响也可能表现出挤出效应，其作用机理在于：外资企业凭借在规模经济、产品开发更新能力等方面的优势，抢占了市场份额，形成了技术依赖，造成国内自主研发和创新能力的发展趋缓。

3. 创新环境方面

外资研发与自主创新在创新环境方面的耦合关系分别表现在资源集聚、制度环境、创新文化上。在创新资源集聚上，一定区域的研发创新资源集聚，会进一步诱使同类资源跟进，因此，外资研发活动会向自主创新活跃的区域集中，而外资研发活动的进入，又会刺激内资企业研发创新的持续加力，从而使得区域内积累了丰富而密集的研发创新相关资源。在制度环境改善上，在华外资研发活动会推动我国相关法律、法规体系不断优化与完善，为自主创新的发展创造良好的法律环境，但也有可能导致外资企业更加全面地实施技术垄断。在创新文化形成上，外资企业对研发创新活动的管理理念不断引导内资企业树立相应的自主创新意识并有助于形成利于创新的文化氛围，同时，更为活跃、开放的创新环境与氛围也将大大促进外资企业与本地文化及制度的融合。

创新投入、创新产出、创新环境三个方面的外资研发与自主创新关系中，均表现出“人”对外资研发—自主创新系统耦合机制的关键作用。其中，创新投入中的资金和人力两方面我们已经通过实证进行了检验，证实了人力资源是两系统协调互动的核心要素；创新投入中的技术转移和技术外溢也都是以人为媒介进行的，虽然转移或外溢的是有形或无形的技术和知识，但人力仍然起到关键作用；创新环境更是与“人”息息相关，环境本身是由“人”创造的，不仅创新资源要素是以人才为核心，法律制度也是“人”来制定的，创新文化更是内化于“人”并最终由“人”的行为、观念加以呈现。

总体来说，外资在华研发活动以获取利润为目的，不可避免地会抢占市场，挤占资源，使得内资企业在激烈的市场竞争中处于劣势，但与此同时，外资研发的介入也创造了更好的学习平台和培养机会，以人才为媒介产生知识和技术溢出。由于外资研发对自主创新的促进作用主要表现在劳动要素上，要增强外资研发活动的正向溢出效应，政府应促进人才的流动以及企业间的交流，鼓励内资企业增加研发经费投入，改善内资企业的研发环境和条件，从而进一步吸引优秀人才回流。本书对探索外资研发溢出路径有一定的理论贡献，今后在模型的完善性和数据的充分性上还需要进一步的深入钻研。

第七章　外资研发与自主创新耦合协调发展的政策建议

尽管外资研发活动在中国的区域分布较为分散，但行业分布格局大体上是清晰的，而对中国省域/产业外资研发与自主创新的耦合协调分析也表明，外资研发活动与自主创新活动的耦合协调程度正在逐年上升。对于地方政府以及行业管理部门来说，宏观调控的关键在于充分利用跨国研发资源为本土科技发展服务，最大程度上趋利避害，调整外资研发政策以适应本土自主创新的需要，提升外资研发的正向溢出水平，同时，通过政策制定进一步激励自主创新活动，增强内资企业吸收外资研发溢出的能力，搭建研发要素流动平台，促进研发人员的交流与合作，从而更好地实现外资研发与自主创新的协调发展。

一、外资研发政策与自主创新政策的现状分析

（一）我国现行外资研发政策的历程与现状[①]

我国的外资研发活动在 20 世纪 90 年代拉开序幕，随着我国社会政治、经济制度的不断完善，其投资规模、机构数量、机构职能也相继发展和整合。随着外资研发机构在中国的市场占有率逐步提高、盈利能力不断增强，中央及地方各级政府相应出台直接外资研发政策或者相关外资研发政策，用于引导和规范外资研发活动。我国现行外资研发政策的发展历程基本和跨国外资研发机构的发展历程相似，可以划分为以下三个阶段。

---

① 内容参见：祝影．外资研发机构的分类管理与政府规制研究［M］．北京：经济研究出版社，2014. 本处在该书相关部分基础上加以整理增补。

1. **早期萌芽阶段**（1991~2000年）

20世纪90年代，我国外资政策的基本框架已经构建完毕，形成了以《宪法》为核心层次、以各项国家单行法律法规为指导、以各地方性法规为手段的外资政策体系。本阶段正处于改革开放的第二个十年阶段，前期各项吸引外资的政策已经得到贯彻与落实，早期投资的外资企业已享受到现行外资政策的优惠成果。根据马太效应理论，为了巩固自身累积优势获取更大的利润，外资企业势必会加大投资力度、扩大投资领域。

20世纪80年代中期到90年代初期各大跨国公司纷纷选择以设立办事机构、投资建厂的方式立足我国市场。随着我国利用外资的方式从对外借款转变为鼓励外商直接投资，进入90年代中期以后，在我国设立研发机构成为跨国公司投资中国市场的新趋势。为了调整利用外资方式鼓励外商投资研发机构，规范对外资研发机构的管理，出台直接针对外资研发的政策迫在眉睫。

最早出台的直接针对外资研发机构的政策是1997年由国家科学技术委员会颁布的《关于设立中外合资研究开发机构、中外合作研究开发机构的暂行办法》。1997年7月亚洲金融危机的爆发，打破了亚洲经济急速发展的景象，亚洲一些经济大国的经济开始萧条。对比亚洲其他各国动荡的经济形势，凭借人民币及港元的稳定，我国对外资的吸引力明显较为优胜。在此时期，我国利用外资政策从一开始提供“超国民待遇”的优惠政策转为创造条件对外商投资企业实行国民待遇，利用外资从单纯引进资金向技术引进和促进产业结构调整以及产业升级的方向倾斜。《关于设立中外合资研究开发机构、中外合作研究开发机构的暂行办法》的出台既增强了外商投资研发机构的信心，又弥补了外资政策的不足，提高了现行政策的合理性和可行性。

2. **迅猛发展阶段**（2001~2006年）

随着经济全球化趋势的日益明朗和国际竞争力的日趋激烈，世界市场形势日益复杂、各国消费者偏好差异性越发凸显，西方发达国家的大型跨国公司改变以母国为研发中心的传统布局，从全球角度出发调整发展战略，统一组织国内外研发活动，并将研发投资与公司的其他经营活动结合起来，将其置于公司的全球化发展战略之中。研发全球化不仅充分利用世界各国现有的科技资源，降低新产品研制过程的成本和风险，而且在生产国际化水平不断提高的基础上，更加重视在全球范围内进行生产要素的优化配置。跨国公司可以根据不同东道国在人才、科技实力以及科研基础设施上的比较优势，在全球范围内有组织地安排科研机构，以从事新技术、新产品等研发工作，从而促使跨国公司的研发活动日益朝着国际化、全球化、网络化方向发展。

全球化的浪潮冲击着世界的每个角落，任何一个国家的经济、科技、文化不可避免地被打上了全球化的烙印。为顺应全球化浪潮，中国于 2001 年 11 月 11 日正式加入世界贸易组织（WTO），进一步深化改革，扩大开放，自觉加入国际游戏规则圈，以开放的姿态积极发展对外经济技术合作与交流，加强与各国贸易往来，吸收外国资金、利用国外先进技术，提高我国科技创新能力。伴随着顺利“入世”而来的是外资研发机构数量迅猛增长，如何利用法律法规来引导外资研发机构、规范其经营成为中央及地方各级政府的重要工作。迅猛发展阶段出台的各项外资研发政策数量最多，空间分布范围扩散化。

3. 稳步提高阶段（2007 年至今）

适逢改革开放近 40 年来，我国国民经济持续快速增长，拥有巨大的市场规模和众多的高素质科技人才，在技术水平、资源供给、政策环境、人才机制和知识产权保护等方面逐步完善，备受大型跨国公司的青睐，投资建立研发中心。可以说，外资研发中心的建成表明该公司对当地人才资源和投资环境的信心，也表明当地利用外资达到了新的水平。

大多数跨国公司早期受惠于低廉高效的劳动力、良好的基础设施、产业配套以及政策优惠，基于业务和战略需要已经完成了在我国研发机构的设立，新设机构的增长高峰已过。同时由于市场经济形势日益复杂化，大型跨国公司更加注重产品功能的提升和服务范围的拓展，基于成本、市场占有、投资动机等因素的影响，外资研发机构为了在华业务的进一步拓展和研发功能的不断升级，开始整合与重组，由早期数量优势转向核心质量的提升。

2008 年世界金融危机爆发，严重打击了各国投资者和消费者的信心，世界流动性资金减少，这直接影响外商对我国的投资，对于投注资金庞大的研发机构影响更甚。国内产业升级以及产业结构调整尚未完成，我国仍处于“世界工厂”的地位，仍然在为西方发达国家“打工”。《关于研发机构采购设备税收政策的通知》的颁布，不失为一剂强心针——通过适用条件的限制，既鼓励一部分具有实力的外资研发机构，又推动国内相关制造业的发展。整个稳步提高阶段出台的各项政策均是以税收优惠为主要吸引手段，目的是防止出现大规模的研发撤资现象，进一步稳定国内的研发投入结构。

此外，推动外资研发中心参与中国国家创新体系建设，也是政策的重点导向之一。2007 年科技部发布了软科学重大研究项目："外资研发机构对国家创新体系的影响及对策研究"（项目编号：2007GXS1D018），着重调研并探究跨国公司及境外组织在华研发机构在国家创新体系中的地位和作用，由此启动了将外资研发机构纳入中国国家创新体系的探索。2015 年 10 月 29 日上海市发布《上海市鼓励外资研发中心发展的若干意见》，提出支持设立各种形式的外资研发中心，鼓励外资研发中心融入上海创新体系，同时要营造良好的创新环境，通过支持引进、培养创新人才并加大财税支持力度等措施来推进外资研发中心参与中国创新体系建设。2017 年 4 月 21 日江苏省发布《江苏省政府关于扩大对外开放积极利用外资若干政策的意见》（苏政发〔2017〕33 号），提出要进一步培育外资发展新动能，支持外商投资企业提升科技创新能力。支持建设外资研发中心、企业技术中心，加大高端外资研发机构引进力度，吸引海外知名大学、研发机构、跨国公司在江苏省设立全球性或区域性研发中心，并提出相关优惠财政税收政策以增强对外资研发的吸引力。上海市 2017 年 10 月 16 日正式发布《上海市关于进一步支持外资研发中心参与上海具有全球影响力的科技创新中心建设的若干意见》，提出进一步支持外资研发中心参与科创中心建设的 16 条措施。通过聚焦促进创新要素全球配置和跨境流动、聚焦知识产权保护和落地、聚焦集聚高端人才以及聚焦更好服务外资研发活动四个方面支持外籍研发中心在沪发展。

总体来看，现行外资研发政策同瞬息万变的国内外经济形势相比，灵活性相对较低。早期出台的外资研发政策主要集中在以上海、江苏为代表的东部沿海地区，政策内容多以优惠为主，以税收、人才、通关等方式加以激励，这在作为技术创新主体的中国企业尚不强大、自主创新尚不活跃的背景下，是当时政策的必然之选。然而，随着中国企业的迅速崛起、技术创新的蓬勃发展，外资研发和自主创新这两股力量已经可以彼此影响、相互博弈，因此，必须在政策上根据形势的变化而进行更新与变革，在这一点上，政策的滞后性较为突出，这当然也与政策的制定过程密切相关。同时，从外资研发政策的具体内容来看，优惠多于规制，主要是以税收优惠为手段吸引和鼓励外资研发，相对来讲激励方式比较单一，外资研发机构享受优惠的标准认定也片面强调规模、资金等方面，并未将对本地的贡献考虑在内。因此，对外资研发政策适时、适地地进行导向性和具体化改进非常重要，也势在必行。

（二）我国现行自主创新政策的历程与现状

1978 年我国实行改革开放并召开全国科学大会，这是中国自主创新政策发展的重要开端。经过 40 年的发展，用于引导自主创新的政策体系基本形成并不断向现代化阶段推进。根据我国自主创新政策的发展历程，可以将其划分为以下三个阶段。

1. 市场化改革阶段（1978~1998 年）[①]

在这一阶段，我国开始逐渐扩大开放，着手建设社会主义市场经济，将党和国家的工作重心由阶级斗争转移到经济建设上来，“科学技术是生产力”成为举国共识，提出“科教兴国”的伟大战略，但此时的创新政策主要集中在科技政策上，着眼于恢复、提升各科研机构院校的活动。这一阶段，又可以以 1986 年为界分作两个时期：

（1）1978~1985 年。

1978 年 3 月全国科学大会举行，邓小平同志提出了“科学技术是生产力”的论断，党中央重新明确了科学技术和知识分子对国家的重要贡献和作用。改革开放释放了中国的创新活力，国内开始涌现出创业创新企业。创新企业的出现，加快了科技成果产业化的步伐。然而，这一时期的科学技术发展表明，

① 内容参见：范柏乃，段忠贤，姜蕾．中国自主创新政策：演进、效应与优化［J］．中国科技论坛，2013（9）：7.

1978 年制定的《全国科学技术发展规划纲要草案（1978~1985）》目标过于宏大，脱离了当时中国的实际情况。因此，1982 年，中共修订该草案，更加关注具有重大经济意义的领域。同时，1985 年 3 月，中共中央做出《关于科学技术体制改革的决定》，确定了经济建设必须依靠科学技术、科学技术必须面向经济建设的科技政策指导方针，科技体制实现了突破性的改革和发展，这一时期，我国的科技政策发展由国防建设导向转为经济建设导向，并取得了不少科技成果，但科技创新活动仍由政府控制，创新资源仍按照计划经济模式进行分配。

（2）1986~1998 年。

1995 年，中共中央、国务院颁布《关于加速科学技术进步的决定》，提出“科教兴国”的伟大战略，把科技和教育摆在经济、社会发展的重要位置。同时经济发展由粗放型经济模式向依靠科技、人才、创新的经济发展模式转变，创新对经济发展的驱动效应开始显现。这一时期，国家实施了“星火计划”、“863 计划”、国家自然科学基金资助项目、“火炬计划”、“科技推广计划”、“973 计划”、中国科学工程院知识创新工程等一系列大型公共竞争性科技发展支持项目，建立了政府资助的研发投入机制，极大地推动了科技资源的合理配置和有效发挥。同时，在当时党和国家领导人的推动下，我国从沿海到内陆进一步扩大开放，确立了建设社会主义市场经济体制的框架。市场机制和竞争机制的引入逐渐增强了自主创新政策的经济导向，创新主体的研发资金不仅依靠单一的政府投入，更多社会资本投入到自主创新和技术研发领域中。

总体来看，这一时期的创新政策还处于较为初级的阶段，创新动力更多来自于政府推动和国家层面，因此创新政策多以塑造科技创新环境为主，政策的方向也更多体现党和国家领导人的决策和意志，与科技政策相关的具体措施并不够健全和细化。

2. 引进、吸收、转换阶级（1999~2005 年）

在这一阶段，我国更加关注推进科技成果的转换，加强产业发展与科学技术的充分结合。同时在 2001 年加入 WTO 后，中国与全球市场对接，面临着更广泛的市场竞争压力，加快科技成果转化、深入参与全球竞争成为这一时期创新政策的目标。1999 年 8 月，中共中央、国务院出台《关于加强技术创新、发展高科技、实现产业化的决定》，制定了支持高新技术产业化的财政政策和金融政策，标志着自主创新政策进入到推动科技成果转化的时期。同时，先后制定实施的《促进科学技术成果转化若干规定》、《专利法》、《科学技术知识普及法》、《科技成果转法》等一系列政策法规，继续深化科技体制改革，建立健全了中国推进自主创新的科技成果转化政策体系，加快了科技成果产业化的步伐，极大地推进科学技术转化为现实生产力。[另外，为了鼓励和扶持中小企业进行自主创新，推进科技成果转化，不断提高企业自主创新能力，我国特设立了科技型中小企业技术创新基金，并颁布实施我国关于中小企业的第一部专门法律——《中小企业促进法》]

3. 构建全面的国家创新体系阶段（2006 年至今）

这一阶段，开始建设全面的国家创新体系，这一阶段也分为两个时期。

（1）2006~2012 年。

实施改革开放和加入 WTO 以来的经济发展事实表明：科学技术是推动经济发展的不竭动力，推进自主创新是转变经济发展方式的关键，创新是一个民族兴旺发达的关键要素。在 2006 年的全国科学技术大会上，胡锦涛同志提出了建设创新型国家，要坚定不移地走中国特色自主创新道路。同时，会议发布的《国家中长期科学和技术发展规划纲要（2006~2020）》（以下简称《规划纲要》）提出“自主创新、重点跨越、支撑发展引领未来”的指导方针，并把建设创新型国家作为面向未来的重大战略选择，全面推进具有中国特色的国家创新体系建设。为了保证《规划纲要》的顺利实施，中共中央、国务院出台了《关于实施科技规划纲要、增强自主发展规划纲要（2006~2020 年）的若干配套政策》，从科技投入、税收激励、金融支持、政府采购、引进消化吸收再创新、创造和保护知识产权、人才队伍、教育和科普、科技创新基地和平台、加强统筹协调等方面积极给予优惠政策支持和保障。此外，为了建设以市场为导向、以企业为主体的创新系统，努力构建全面而高效的国家创新体系，尽快进入创新型国家行列，2007 年对《科学技术进步法》进行了修订，并在2012年发布《关于深化科技体制改革加快国家创新体系建设的意见》，继续强化企业的技术创新主体地位，推进以市场为导向、企业为主体的创新系统。

（2）2012年至今。

中共十八届三中全会提出全面深化改革的总目标，即完善和发展中国特色社会主义制度，推进国家治理体系和治理能力现代化。中国创新政策体系发展到了一个新的历史阶段，继续推进建设全面而高效的国家创新体系，提升以创新为核心的创新政策组合和战略。将创新置于其他政策领域的核心地位，尤其是与经济、社会、法律、产业、教育和能源等各领域的有机结合，逐步向系统化创新政策过渡。2016年5月20日，中共中央、国务院发布《国家创新驱动发展战略纲要》，明确了实施创新驱动发展战略的总体部署，强调要“坚持双轮驱动、构建一个体系、推动六大转变”。“双轮驱动”就是科技创新和体制机制创新两个轮子同步发力，“一个体系”就是建设国家创新体系，“六个转变”就是在发展方式、发展要素、产业分工、创新能力、资源配置、创新群体等方面实现根本转变。同时提出了实施创新驱动发展战略三个阶段的目标，与我国现代化建设“三步走”战略目标相互呼应、提供支撑。第一步，到2020年进入创新型国家行列，有力支撑全面建成小康社会目标的实现；第二步，到2030年跻身创新型国家前列，为建成经济强国和共同富裕社会奠定坚实基础；第三步，到2050年建成世界科技创新强国，为我国建成富强民主文明和谐的社会主义现代化国家、实现中华民族伟大复兴中国梦提供强大支撑。中共十九大报告指出，过去五年随着创新驱动发展战略大力实施，创新型国家建设成果丰硕，多个领域出现重大突破，提出创新是引领发展的第一动力，是建设现代化经济体系的战略支撑，吹响了加快建设创新型国家的强劲号角。同时报告还提出要深化科技体制改革，建立以企业为主体、市场为导向、产学研深度融合的技术创新体系，加强对中小企业创新的支持，促进科技成果转化。

总体来说，尽管每个时期的自主创新政策在创新工具和创新目标方面有所不同，但根本目的都是不断提高我国自主创新能力，从而转变经济发展方式、增强我国综合国力。尤其是自 2006 年明确提出建设创新型国家的目标后，政策趋于科学化、规范化，不同政府部门间的协同程度也越来越高，多部门联合颁布并实施自主创新政策已成为发展趋势。然而，在对待创新主体的态度上，并未将外资企业和内资企业区别对待，缺乏对外资创新主体对我国科技发展双重效应的具体认识，也因而在自主创新政策层面没有体现。事实上，外资研发政策应该是我国自主创新政策的有机组成部分，必须对外资研发与自主创新的关系进行充分诠释，利用政策的宏观调控作用趋利避害、扬长避短，使两者在我国国家创新系统建设中承担各自的重要职能，在协调融合中共同为中国国家创新系统建设贡献力量。

二、外资研发与自主创新耦合协调发展的政策框架

在科技全球化的背景下，一国自主创新政策的制定必须考虑来自国外的研发创新活动及其影响。然而在中国目前的自主创新政策中很少考虑外资研发在中国创新的方向引导和效应释放问题，我们认为外资研发活动并非越多越好，而要与其所在区域、所属产业的自主创新现实水平保持协调。因此，具体地区或具体行业在政策制定的过程中必须对外资研发的最优规模有清晰的认识，政策的导向本质上在于在外资研发与自主创新之间建立一个适当的“度”，这个度是双向动态的、适时调整的，对政策制定者和执行者有较高的专业要求。也正因为如此，在提出政策建议之前，先来讨论纳入外资研发的自主创新政策体系框架很有必要。

从框架构成上看，自主创新政策体系框架应该包括几个基本要素：顶层设计、内容构成（主要政策工具和配套政策）、目标对象、评价反馈。顶层设计目的在于协调各类型政策的衔接配合，增强自主创新政策的预期效果；内容构成是具体政策设计的各种内容，是政策执行的最主要依据；目标对象则是自主创新政策所指向的群体，解决的是政策适用对象的问题；评价反馈作为政策实施效果的直接反映，衡量的是政策执行后能够达到预期的效果和目的，是政策健全和完善的最主要途径。由于外资研发与自主创新耦合协调发展政策是为了协调外资研发系统与自主创新系统的关系，在政策框架上有一

定的特殊性，与一般的自主创新政策相比，在创新主体、区域差异、行业差异方面有突出需求。

在外资研发与自主创新政策体系的构建过程中，应根据外资研发活动与自主创新活动产生的不同效应，采取差异化管理政策，注重政策激励手段多样化，更大程度上发挥外资研发机构对我国企业自主创新的正向溢出效应，使得外资研发最终服务于自主创新。具体来说，总体政策框架设计如下。

（一）顶层设计方面：设立专门的协同创新促进机构

自主创新本身就是覆盖各方面的国家战略，涉及科技管理部门，发展和改革委员会以及商务、财政、税务、教育等多个职能部门，科技部门要会同有关部门拟定各类自主创新政策，推动企业自主创新能力建设。而对外资研发活动的管理职能目前则主要与商务部门和科技部门相关，此外，工商、税务、人力资源和社会保障等部门对外资研发机构也有相应的管理权限。因此，对自主创新本身就存在着多部门协调的要求，目前的组织设计层面更是完全无法满足区分外资企业与内资企业的不同属性进行协调管理的需求，不能全面把握外资研发活动的态势及其效应，不利于有效引导外资研发的正向作用而贡献于自主创新，也不利于规制和弱化外资研发的负面作用以避免对自主创新带来的压制和伤害。因此，要设立一个跨部门的协同创新管理机构，要具有地位的独立性和规制自主权，动态监测外资研发与自主创新的耦合协调发展状态，每年进行观测评价，适时调整外资研发与自主创新的政策导向；同时，建立一系列的制度机制来保证外资研发与自主创新的耦合协调发展，从外资研发在不同省域、不同产业的准入、生产、经营、交易等各个环节协调其与自主创新的关系重点。

（二）内容构成方面：建立完善的科技创新政策体系

政策制定既要有明确的指向和具体的实施细则，又要重视政策之间的协同配合性。要想将政策效果发挥到极致，单靠几个孤立的政策是难以实现的，应充分考虑各项政策之间的依附和制约关系。科技创新政策的制定要充分包括：科技创新投入政策，技术转移、成果转化及产学研政策，创造、应用和保护知识产权政策，人才培养与管理政策，科技创新基地与平台建设政策，政府采购政策，税收激励政策，金融支持政策，产业/企业发展政策等方面。科技创新投入政策主要包括：科技计划资助（项目）、技术创新专项资金、创新基金以及其他科技经费，建议设立协同创新专项资金，鼓励外资企业与内资企业联合进行技术创新项目。技术转移、成果转化及产学研政策主要包括：技术标准/成果认证、技术引进的吸收与创新、技术转移专项资金、高新技术成果转化/产业化、产学研合作等方面，建议增设外资—内资技术转移计划、协同自主创新科技成果应用专项资金，帮助内外资企业之间实现共同科技成果转化和关键技术转移。创造、应用和保护知识产权政策主要包括：知识产权专项资金、专利申请资助、知识产权投资入股、专利知识产权保护、专利新产品认定、知识产权质押融资、知识产权示范企业、专利使用许可、标准化战略等，建议增加国际化标准推进计划、中外知识产权联盟政策。人才培养与管理政策主要包括：人才队伍管理、人才引进/交流、人才培养、人才激励、人才评价、高层次人才创新创业专项资金等，建议增设协同创新团队建设专项资金，引导外资企业和内资企业强强联合，打造优质创新团队。科技创新基地与平台建设政策主要包括：基地建设、公共检测平台、技术服务创新资助（项目）、公共信息平台、科技中介服务平台等，建议增设产业技术中外联合创新平台计划。金融支持政策主要包括：金融环境建设、科技担保、科技保险、融资贷款、创业投资等，建议增加中外协同创新种子计划之类的项目，促进外资研发与自主创新的合作。政府采购政策在向内资企业自主创新产品倾斜的同时，也需要引导外资企业通过与内资企业合作的方式进入政府采购目录；税收激励政策要改变“一刀切”的作风，将外资研发机构的本地绩效作为税收优惠的依据；产业/企业发展政策重点是扶持战略性新兴产业、独角兽企业以及中外联合品牌培育等。

（三）目标对象方面：建立差异化的创新政策适用机制

出于对中国各个省域、各个产业自主创新的现实水平以及外资研发溢出吸收能力各不相同，外资研发与自主创新的耦合协调发展政策在目标对象方面难以统一，必须考虑到各区域、各产业的具体基础和实际需求，建立分层次、分区域、分产业、分主体的差异化政策适用机制。这里的分层次，在政策最为宏观的层面上，是指中央的指导性科技创新政策和地方或部门的实施性创新政策；分区域和分产业，则是在省域和产业的中观政策层面上，要区分具体省域具体产业的不同情况来制定并实施具体的操作性政策细则；而分主体更加强调微观层面的政策适用对象，即外资研发主体和自主创新主体要有所区别、差别对待，这也是最为直接、最为直观的政策实施过程中的具体表现。目前的政策适用对象中也会考虑特定的目标，比如武汉市科技创新券发放对象就界定为高新技术企业、技术先进型服务企业、市级以上科技企业孵化器内并经所在孵化服务机构推荐的科技企业三类，这也是一般科技创新政策的做法，但其中并未考虑企业的性质，无法针对外资研发与自主创新的平衡发挥调控功能。因此，进一步细化现行科技创新政策的实施范围和适用对象，并要求各省域各产业根据实际情况制定具体政策标准，围绕区域/产业发展目标，区分不同对象采取不同的政策导向和规制措施。

（四）建立外资研发与自主创新耦合评价及预警机制

既然强调外资研发与自主创新的耦合协调程度具有动态的时间特征，那么及时掌握区域/产业外资研发与自主创新的耦合协调状态是政策制定和政策执行的重要依据。因此，建立外资研发与自主创新的耦合评价及预警机制是十分必要的。要建立这样一个机制，首先要完善细分地市、细分产业的自主创新统计和外资研发统计，目前官方对研发创新活动的统计指标过少且口径不一，国家、省域、地市对创新的统计各不相同，其中，国家层面的统计最为完整，省域次之，到市、县以及镇则标准各异、统计缺位，特别是关于外资研发机构的各类统计数据即便在国家层面也没有官方的正式公布，因此建议建立省、市、县三级中国自主创新数据库，同时确立外资研发活动统计制度，进一步调查和监测在华外资研发活动，为外资研发与自主创新耦合评价体系的建立提供数据支撑；其次通过建立一系列量化和非量化的考核指标，对自主创新与外资研发的耦合过程及其结果进行评价，这其中考核指标非常重要，一般情况下考核指标要能够准确反映活动的内容和目的，与活动具有高度相关性，并且考核指标要尽可能量化，这样才能保证评估的客观性和真实性，本书采用的耦合评价方法能够更好地测度系统之间的协同性，可以以此为基础建立机制化的评价规范和动态监测，及时对外资研发与自主创新的耦合协调发展情况进行评估和预测，准确把握不耦合的信号，建立科学的预警系统，根据外资研发的本地绩效以及外资研发与自主创新的耦合协调情况发布系统预警信号。

三、省域层面的政策建议

根据对除西藏、港澳台以外的中国30个省域外资研发与自主创新的耦合协调发展评价，可以发现外资研发与自主创新之间的关系并不是一成不变的，耦合协调度会随着系统各要素的优化而提升。各省域外资研发与自主创新的耦合协调程度总体上仍处于拮抗阶段，耦合协调水平较低，但在时序上呈现出稳定提升态势，在空间上则呈现出明显的不平衡，经济越发达的地区，两者的耦合协调度也越高。因此，各个省域在对待自主创新和外资研发的关系上，要根据自己辖区内外资研发与自主创新耦合协调发展的实际情况，在政策导向上有所侧重，既不能盲目吸引外资研发活动，也不能为强调自主性而闭门创新，要在综合考量各种相关因素的基础上，平衡本省自主创新和外资研发的发展。

大多数省域的外资研发与自主创新大体上处于同步的水平，证明两系统各自的综合发展水平基本一致，可以出台一些引导两者合作互利的政策；而外资研发超前的省域则应该进一步促进自主创新，自主创新超前的省域需要加大对外资研发的吸引力度。具体政策建议如下：

第一，针对东部地区外资研发发展超前型较多、自主创新发展相对处于劣势的状态，一方面，要进一步加快实施自主创新战略，加大自主创新活动的投入，加快建立以企业为主体、市场为导向、产学研相结合的技术创新体系，通过完善激励机制，强化政策引导，使企业真正成为研发投入的主体、技术创新活动的主体和创新应用的主体，同时，鼓励科研院所、高校和企业围绕市场需求，合作开展科技创新，加快高新技术成果产业化；另一方面，从进一步优化外资研发与自主创新相互作用的传导机制角度出发，依托丰富的外资研发资源，加强内外资企业之间在人员、信息、知识以及技术等多个层面的联系，充分发挥外资研发的正向溢出效应，缩小外资研发发展水平与自主创新发展水平的差距。

第二，针对中部地区耦合协调度较低且发展缓慢，区域耦合发展空间相关性不显著的状态，一方面，要重视省域内部创新环境的建设，着力营造出新型和高效的产学研机制，增强各创新主体在创新活动上的合作与联系；另一方面，加强与外部的互动，促进省域内创新主体与国内外领先企业、研发机构的相互联系，为此，政府要加强对城市软硬件环境的建设，尽可能地吸收跨国公司总部和行业龙头企业的进入，尤其是要通过制度设计和政策激励的方式鼓励本地企业与国内外企业、研发机构的交流与合作，从而最大程度发挥区域发展的协同效应。

第三，针对西部地区耦合协调水平较低且发展存在困难的情况，要紧紧围绕“西部大开发”的战略任务，充分发挥西三角经济圈的聚集、辐射、带动作用，带动西部地区外资研发与自主创新的共同发展。西三角区域内云集了众多国家和部属高等院校及国家科研机构，是西部高新技术产业力量最集中的地区，通过发挥西三角科技资源雄厚的优势，提高原始创新能力、集成创新能力和引进消化吸收再创新能力，进一步吸引外资研发机构向西部地区转移，加速人才、资金等相关资源集聚，为西部地区整体外资研发与自主创新的发展提供有力的支撑。

四、产业层面的政策建议

根据对中国 28 个工业行业及 5 个高技术细分行业的耦合协调发展评价，产业层面外资研发与自主创新系统的耦合基本还处于中低发展水平，但有明显的逐年提高态势，这一点在高技术产业领域表现得更加突出。因此，各个行业在对待自主创新和外资研发的关系上，要根据产业内外资研发与自主创新的系统综合发展水平和耦合协调程度，不断调整政策重点，增强产业导向政策的灵活性，及时协调产业内自主创新和外资研发的关系，充分发挥产业技术创新系统的最优功能。

大多数行业的外资研发与自主创新水平并不高，这是因为外资研发活动表现出强烈的行业倾向性，且受到产业政策和产业特性的影响，即使是外资研发活动相对密集的高技术行业，在外资研发与自主创新的综合发展水平变化上，也呈现出由外资研发超前向自主创新超前演变的特征。由于国家科技安全和经济安全对产业创新活动表现得更为敏感，对外资研发活动更加谨慎，整体倾向于提升自主创新水平。具体政策建议如下：

第一，区分行业差异，制定具体行业的外资研发导向性政策。目前高新技术内资企业主要受制于自主创新水平不高，不能有效吸收外来创新资源，进而抑制了内资企业研发的进程，因此，一方面吸引外资研发机构进入时要对外资研发活动加以甄别筛选，吸引那些真正掌握核心技术的外资研发机构入驻；另一方面，也是最为关键的是鼓励内资企业积极引进国外先进技术并在此基础上进行改造与再创新，切实推进高技术产业自主创新系统发展。首先，应进一步加大对高技术产业 R&D 经费的投入，设立重点区域、重点行业科研创新专项资金，逐步实现对国企、私企、高校、民间个人等分层分级的开放政策，刺激各方创新需求与活力；合理安排资金配置，提高应用型研究及成果转化经费的支持。其次，加大对高技术产业政、产、学、研一体化发展的支持，建设政府、企业、高校、研究院所、产业咨询机构的交流平台，逐步对每个产业建立起一个网络化、信息化、全面化的产业发展智库，并建立高技术产业联合科创中心，促进高技术产业的科创交流与研发进程，实现产业研发系统整体水平的提高。而在相对于高技术产业的传统产业领域，一方面要防止过多外资进入挤占研发资源，另一方面也要在一定范围内提高外资研发介入水平从而获得长期的溢出效应和示范效应。

第二，多渠道强化外资研发与自主创新系统的互动与交流。在充分理解产业外资研发系统与自主创新系统耦合关联效应的基础上，积极利用技术、人才、市场、资源等耦合通道，实现各产业外资研发与自主创新系统高水平的同步协调发展。如加大知识产权宣传保护力度，完善研发配套体系，为产业的研发与创新营造良好的环境；对拥有自主创新行为的技术研发企业实施一定的融资、税收等金融优惠政策，对自主创新的行为进行鼓励与扶持；完善各技术行业的交流平台，实现技术、人才的共享，同时鼓励技术水平不高的内资企业，在掌握一定先进技术的基础上进行技术引进消化再吸收，并结合本地创新资源优势，大力提升资源、要素边际生产率，逐步缩小各产业自主创新系统与外资研发创新系统的发展差距。

第三，在提升产业研发水平的过程中，不能忽略对“人”的培养。人才是产业进行研发创新活动的载体，具有强烈的主观能动性，在产业研发系统中占据着支配和主导地位，在外资研发与自主创新的互动、交流、耦合协调发展进程中都起着不可替代的作用。因此，首先要加大对教育的投资力度，完善公共设施，建设校企交流平台，着重培养学生的科研兴趣与实践能力，为高技术研发事业提供人才后备军。其次要建设人才引进、回流机制，鼓励海外技术人才、外企科研人才及在某些高技术行业做出突出贡献的人到内资企业研发系统中去，同时也要鼓励一部分研发人才流向中国传统工业企业，从而实现各产业间的可持续协调发展。

第八章　主要观点与研究展望

一、主要观点

本书引入耦合理论，把外资研发与自主创新关系的空间性质和时间过程综合在一个统一的研究框架中，提出对外资研发与自主创新关系的耦合评价指标体系与评价方法，探索全方位建构外资研发与自主创新关系理论框架的合理路径，有一定理论意义和学术价值。对外资研发与自主创新耦合协调关系的考察可以说明，外资研发并非越多越好，而是要与自主创新水平相适应。对外资研发与自主创新关系的耦合评价指标体系与评价方法，可以应用到省域、城市、产业等各个领域，促使外资研发政策和自主创新政策的导向更符合实际情况和现实需要。研究的具体观点可以总结为以下几个方面：

1. 外资研发与自主创新的耦合关系及其评价体系

外资研发与自主创新关系的研究一直是学者研究的焦点，特别是在跨国公司研发全球化究竟是否促进了东道国经济发展和创新能力的提升这一问题上，各方众说纷纭，莫衷一是。但总体而言，目前国内外的研究成果大多集中于外资研发知识溢出对于自主创新单向影响的研究上，然而外资研发与自主创新是两个彼此独立却交互作用的系统，关于两者关系的研究如果仅以单项的“溢出”来囊括，简单地进行相关性分析是远远不够的，因此，本书引入耦合理论与耦合协调度模型，在充分界定外资研发系统与自主创新系统之间的耦合通道的基础上提出：①外资研发系统与自主创新系统彼此间存在明显的耦合互动关系，系统间各要素相互作用，彼此影响，并通过系统内部要素的不断组织和演化，使得两者之间趋于协调发展。②外资研发系统与自主创新系统的综合发展水平及其耦合协调度能够客观反映两者的耦合关系，但此前，必须要建构科学合理可行的系统耦合评价体系。③在省域层面，外资研发与自主创新的耦合关系集中在创新投入、创新产出以及创新环境三个方面，这决定着外资研发与自主创新系统指标体系构建的理论框架，需要说明的是，在外资研发评价指标体系中，以外资研发介入程度来衡量区域外资研发与自主创新的现状，并体现不同区域的外资研发环境；在自主创新评价指标体系中，以自主创新支撑能力来概括影响投入产出转化效率的相关因素，并体现自主创新的环境特征。④在产业层面，外资研发与自主创新的评价指标体系则从研发创新投入、研发创新产出、研发创新绩效三个准则层加以构建。

2. 省域层面的外资研发与自主创新耦合协调发展

采用耦合度模型和耦合协调度模型对除西藏、港澳台以外的中国30个省域进行实证研究的结果显示：①从时间维度上看，中国省域外资研发与自主创新的耦合协调程度总体上仍处于拮抗阶段，耦合协调水平较低，但在时序上呈现出稳定提升态势，主要表现在随着时间的推移，耦合协调度处于拮抗阶段和低水平阶段的省域数目正持续减少，而处于协调和磨合阶段的省域数则呈现出稳定增长态势。②从空间维度上看，地区间外资研发与自主创新的耦合协调发展水平呈现出明显不平衡态势，主要表现在东部地区省域耦合协调度大都处于较高水平的协调阶段、磨合阶段，明显优于中西部地区；中部地区省域主要处于磨合阶段、拮抗阶段，地区内各省域差异不大；西部地区大部分省域处于低水平阶段，表明西部地区外资研发与自主创新耦合协调程度的整体发展处于较低水平。证明了由于经济实力相对雄厚，科技资源相对丰富，外资活动相对密集，经济越发达的地区，外资研发与自主创新的耦合协调度也越高。③从重点区域来看，京津冀地区各省域外资研发与自主创新耦合协调水平总体呈现平稳发展态势，但省域之间发展水平差异明显，区域内的耦合协调度发展并不协同；长三角区域内各省域外资研发与自主创新耦合协调度整体处于较高水平且趋于一致，区域耦合协调度呈协同发展状态；西三角区域内各省域外资研发与自主创新耦合协调发展呈分化态势，四川、重庆耦合协调度趋于一致，陕西出现下降趋势，与四川、重庆之间的差距也随之增大。

以耦合协调度 D 值为依据，运用 Geoda、ArcGIS 等软件进行空间相关性分析。全局相关性分析结果显示，中国外资研发与自主创新耦合协调度的空间分布并非表现出完全随机性，而是表现出空间相似值之间的空间聚集，即外资研发与自主创新的耦合协调度的集聚作用较为显著；局部相关性分析结果显示，京津冀地区空间相关性并不显著，长三角地区呈现高高集聚特征，西三角地区以四川为中心呈现高低集聚特征，个别省份如甘肃、海南集聚特征在时序上存在变化。

3. 产业层面的外资研发与自主创新耦合协调发展

不同产业中是不是也同样存在外资研发系统和自主创新系统的耦合协调问题呢？基于此，我们对产业层面的外资研发与自主创新关系进行了耦合协调研究，从研发投入、研发产出、研发绩效三个维度出发，分别对外资研发系统与自主创新系统的理论评价指标体系框架进行构建，对中国 28 个产业研发系统的耦合实证结果表明：大部分中国工业外资研发与自主创新系统的综合发展水平都有所提升，且自主创新系统发展水平的增速普遍高于外资研发系统；自主创新超前型和同步型产业有所增加，外资研发超前型产业在逐步减少。从系统耦合协调发展程度看，大部分中国工业外资研发与自主创新处于较高强度的耦合互动中，但整体协调发展水平还不高；随着时间的推移，高度协调型和耦合高效型产业有所增加，高技术产业领域表现得尤为明显。

高技术产业的耦合实证表明：除航空、航天器及设备制造业外，4 个高技术产业外资研发系统与自主创新系统都处于良好或较高水平的耦合阶段，且保持稳定的发展势头；外资研发与自主创新的整体协调发展水平在提高，且电子及通信设备制造业一直处于领先地位。

4. 外资研发与自主创新耦合关系的机制探讨

在理论模型构建上，在技术要素中性假设的基础上，按照外资研发介入影响的时间顺序分阶段进行研究。①突破在外资研发投入与内资创新产出之间直接构建研究逻辑的研究范式，建构外资企业研发投入—内资企业创新投入、内资企业创新投入—内资企业创新产出两阶段模型，并对两阶段的实证结果进行联合分析，以便更加清晰地把握外资研发影响自主创新的作用机理和溢出效应。②聚焦不同创新要素投入所起到的不同作用，基于资本和劳动两种创新要素来考察外资企业的创新要素投入的变动对内资企业创新产出的影响，从外资研发资本投入和外资研发劳动投入两个角度研究其各自的影响差异，发掘外资研发影响自主创新的要素载体与溢出路径。

在实证结果分析上，不管是基于省域面板数据的研究还是基于产业面板数据的研究，均能发现两种外资研发介入（资金、劳动）对内资企业创新要素投入造成的影响不同，具体表现在外资研发要素介入抑制内资企业同种要素投入，促进不同要素投入。研究结果显示：①外资研发两种要素的介入对内资企业创新投入具有不同的影响。内外资企业相同创新要素之间呈现显著的抑制作用，不同创新要素之间呈现显著的促进作用。即外资研发资本介入抑制内资企业研发资本投入，促进内资企业研发劳动投入；外资研发劳动介入抑制内资企业研发劳动投入，促进内资企业研发资本投入。②外资研发两种要素的介入对内资企业创新产出具有不同的影响。对全国的分析显示：外资研发经费介入对内资企业创新产出呈现抑制作用，而外资研发劳动介入对内资企业创新产出呈现促进作用。对依据外资研发经费进行分组的分析显示：在高介入度地区，两种外资创新要素的介入同全国分析的结论一致；中介入度地区则具有不同的影响，即外资研发经费介入具有促进作用而外资研发劳动介入具有抑制作用；低介入度地区由于介入比例过低、数据统计等原因置信度不高。③分别从外资企业两种不同的要素投入具体分析其影响机理：首先，外资企业研发投入对内资企业研发投入产生影响，外资企业研发经费投入会对内资企业研发人员投入产生促进作用，外资企业研发人员投入会对内资企业研发经费投入产生促进作用；外资企业研发经费投入会对内资企业研发经费投入产生抑制作用，外资企业研发人员投入会对内资企业研发人员投入产生抑制作用。其次，内资企业研发投入对内资企业研发产出产生影响。内资企业研发经费和研发人员投入对内资企业产出产生促进作用。最后，整个完整路径的联合分析，外资研发经费投入对我国自主创新产出呈现抑制作用，外资研发人员投入对我国自主创新产出呈现促进作用。

二、研究展望

在创新驱动发展成为我国国家战略之后，与自主创新以及科技政策相关的研究将持续作为热点，吸引着越来越多的研究者。而对外资研发的研究也将随着国内外经济政治形势的变化而出现新的趋势。伴随着新的趋势和新的问题，本书后续将持续关注以下领域：

1. 外资研发区位因素的动态研究

探讨外资研发活动与我国自主创新之间的关系，离不开研发全球化这一宏大背景，近期出现的一些跨国公司研发机构撤离中国的现象为外资研发的区位选择研究提出了新的课题。自 20 世纪 90 年代真正意义上的研发全球化开始，至今已有 20 余年，影响跨国公司研发全球化的区位因素进一步增加，也更加多样化，如何发现跨国公司全球研发区位选择中主要影响因子的变化，调整区位因子的理论框架和地位顺序，是一个重要问题。在跨国公司研发机构撤离中国的过程中反映出的人力成本升高、空气污染加剧等因素，需要纳入外资研发区位的分析逻辑之中。其中，中国作为发展迅速的经济大国，在科技实力和研发环境上如何与其他经济体博弈，优势为何，劣势何在，也需要进一步加以明确。

2. 外资研发影响自主创新的时间序列变化研究

本书通过构建理论模型检验了外资研发资本投入和外资研发人力投入对自主创新的影响，明确了外资研发溢出的依托要素。然而，我们更感兴趣的是，外资研发对自主创新的影响是否存在时间上的变动周期？外资研发溢出的正负效应之间是否存在一个外资研发投入的临界点？这些又是否能够解释不同省域不同产业的外资研发最优规模问题？基于对以上问题的讨论，下一步准备采用滚动窗口格兰杰因果检验的方法，来观测外资研发影响自主创新在时间序列上的变化态势，以此发现外资研发进入的萌芽期、发展期和稳定期对自主创新是否存在不同影响，从而界定外资研发溢出的周期性和适度规模。而不同时期外资研发溢出的变动性特征亦可解释以往各类不同时间不同区域不同产业的实证研究为何结论不一的问题。

3. 外资研发与自主创新耦合协调的空间影响问题

研究发现外资研发与自主创新的耦合协调发展度的集聚作用较为显著，耦合协调度较高的省域趋于和耦合协调度较高的省域相邻，由于省域的概念属于行政区划，行政边界并不会像物质阻隔或国家边界一样，对要素的流动产生明显的阻碍，因此，相邻省域之间可能会存在互补。比如，上海的外资研发系统与江苏的外资研发系统之间会存在一个协同，自主创新系统也同样如此，那么即便在上海、江苏各自的辖区内部出现外资研发与自主创新发展水平不能同步的情况，可能把上海、江苏合并在一起，两者会保持在协同状态，那么，相邻的地理单元之间空间影响的问题将会非常突出，探索省域之间的空间扩散与邻里影响机制，也就成为我们下一步的研究重点。

后 记

动笔写这篇后记，已经临到书稿付梓之前了。不得不说，我这拖延症实在是越来越重、药石无灵啦！当然，拖延的背后总有缘故，一本书，特别是一本学术专著的最终成稿，是靠成年累月的研究过程和研究成果的积累，其中的纠结、辛苦与喜悦，心中自知却难以成言。

选择学术研究这条路，其实只是喜欢这种在日益浮躁的社会现实之中仍然保持相对纯粹的生活方式。然而，在学术圈因各类考评标准越来越功利化，随之而来的压力也越来越让人难以承受。作为一个中国本土培养的“土”博士，关注中国本土的区域发展差异问题，从来没有考虑过发表英文 SSCI 论文，在越来越强调国际影响力的学界也算是一“土”到底了。为什么一定要英文论文呢？在特定的中国经济社会背景下，我一向不认为某些学科、某些领域的研究成果在国际刊物上刊出就会有更为重要的影响力与价值。但是，这股潮流确确实实地存在着，考评导向如此，个人的纠结只能是几句牢骚和腹诽罢了。

具体到我的研究领域，从研发全球化到外资研发机构评价再到外资研发与自主创新的关系，逐渐转向外资研发对中国经济发展作用的考量。研究的初衷是，中国如此之大，不考虑经济水平、科技实力、社会基础的差异，每个省市区县都一股脑儿地吸引外资进行研发活动，究竟是不是正确的选择？会不会产生技术依赖？会不会影响产业安全？会不会造成经济隐忧？研究的基础是数据，而数据的获取则甚是辛苦。作为基础数据来源的《中国科技统计年鉴》在 2009 年开始突然不分内外资的统计了，令人难以理解，难道外资真正与内资融为一体、无须区分了吗？时至今日，外资撤离、制造外迁已经成为事实，在中国经济转型升级的探索道路上，防患于未然的工作永远都不会多余。

付出总有收获，辛苦伴随喜悦。研究的价值，困难的克服，以及在这一过程中自我的提升、学生的成长，无一不让人心有慰藉。对外资研发与自主创新的耦合研究在本书成稿之时虽已告一段落，但值得庆幸的是，对创新驱动发展耦合机理的研究再次获得国家自然科学基金的资助，这是对之前研究的肯定，也是对之后研究的动力，同时，对我来说，还是开启了将研究视野完全聚焦于中国本土研究的新阶段。在这条道路上，我一届又一届可爱的研究生们，跟随着我的脚步，或曾经或正在或即将，挥洒着他们青春的激情和研究的热情，搜集数据，探索方法，启发思维，师者的使命与价值就在于此了。现今社会，世事无定，职业多样，祝福他们以后的人生路走得更好！

此时此刻，我已人在异乡，偷得浮生半日闲，处在半休养的状态，是对紧张工作的调节，也是对家庭生活的依恋，希望来日能够强势回归！

祝影

2018 年 3 月于洛杉矶